DIE RÜCKKEHR ZUM URSPRUNG

DAS GEHEIME BUCH DES JOHANNES

MIT EINER EINFÜHRUNG VON
KONRAD DIETZFELBINGER

KRISTALL-REIHE 4

D1673561

1997

ROZEKRUIS PERS — HAARLEM — NIEDERLANDE

ISBN 90 6732 166 4

Inhalt

Was ist Wahrheit?

Sehet diesen Kristall: So wie das eine Licht offenbar ist in zwölf Flächen, ja in viermal zwölf, und jede Fläche einen Strahl von dem Lichte zurückwirft und man eine Fläche und ein anderer eine andere anschaut, so ist es doch der eine Kristall und das eine Licht, das in allen scheinet.

Das Evangelium des vollkommenen Lebens

Vorwort

In der Internationalen Schule des Goldenen Rosenkreuzes ist der Ausdruck »moderne Gnosis« bereits seit vielen Jahren ein Begriff. Das kann widersprüchlich wirken, weil die Begriffe Gnosis und gnostisch in den meisten Fällen mit alten Texten in Verbindung gebracht werden. Aber in dieser Schule wird über die *moderne* Gnosis gesprochen, weil nach den Werten, die in den alten Texten behandelt werden, auch in unserer Zeit gelebt werden kann. Die Schule des Goldenen Rosenkreuzes weist dafür einen Weg.

In der letzten Zeit scheint die Gnosis an Popularität zu gewinnen, wie kürzlich erschienene Publikationen zeigen, besonders durch die Schriften von Nag Hammadi. Aber viele Jahre, bevor der Strom der Veröffentlichungen über gnostische Texte einsetzte, wurde in den Lektionen und Konferenzen für die Schüler der Schule des Rosenkreuzes bereits eine Anzahl dieser Schriften benutzt und besprochen.

Drei dieser Schriften wurden nun in deutscher Sprache von der Rozekruis Pers herausgegeben. In diesem Büchlein finden Sie *Das Apokryphon des Johannes* oder *Das Geheime Buch des Johannes*. Teil 3 der Kristallreihe, *Die Kenntnis, die erleuchtet*, herausgegeben 1996, enthält *Das Evangelium der Wahrheit* und *Das Evangelium nach Maria*.

Eine Version des *Apokryphon des Johannes* wurde in dem Kodex von Berlin (Berolinensis Gnosticus 8502) entdeckt. Auch bei den Funden von Nag Hammadi (1945) befand sich *Das Apokryphon des Johannes*, und zwar in einer kurzen und einer längeren Version. Von diesem Text erschienen diverse Bearbeitungen und Übersetzungen. Unsere Übersetzung basiert auf der kurzen Version, wie sie in dem Berliner Kodex enthalten ist, der 1896 in Ägypten entdeckt wurde (publiziert von W. Till, *Die gnostischen Schriften des koptischen Papyrus Berolinensis* 8502, Berlin, 1955).

Die längere Version unterscheidet sich hauptsächlich durch viele Seiten mit den Namen der Engel, wobei alle Engel im Zusammenhang mit einem bestimmten Körperteil genannt werden. Außerdem enthält die längere Version am Schluß eine Hymne der *Pronoia*, der Vorsehung. Diese klangvolle Hymne mit ihrem prächtigen Inhalt haben wir gesondert aufgenommen. Dabei haben wir die deutsche Übertragung von Konrad Dietzfelbinger in seinem Werk *Schöpfungsberichte aus Nag Hammadi*, Andechs, 1989, zu Rate gezogen. Auch seine ausführliche, sehr erhellende Einführung zum *Apokryphon* durften wir diesem Werk entnehmen, wofür wir sehr dankbar sind.

Möge der Leser getroffen werden von der »Kraft des Wortes, das vom Vater zu den Menschen ausgeht«.

ROZEKRUIS PERS

Zum »Apokryphon des Johannes«

Die *Geheimlehre des Johannes* stellt die große Auseinandersetzung zwischen der Eigenwilligkeit und Unwissenheit im Kosmos und in der Seele des Menschen — und der Sehnsucht dieser Seele dar, die Eigenwilligkeit und ihre Folgen preiszugeben, um in Hingabe und neuer Erkenntnis wieder mit ihrem Ursprung, dem unsichtbaren Geist, eins zu werden.

Schon die Einleitung spiegelt diese Auseinandersetzung wider. Johannes, die suchende Seele, ist auf dem Weg zum »Tempel«, dem Ort der traditionellen Religion. Da begegnet ihm ein Pharisäer, Vertreter dieser Religion, die in Dogmatik, Unkenntnis des Ursprungs der Religion und eigenwilliger Ausübung der Riten erstarrt ist — er ist Vertreter des Prinzips der Eigenwilligkeit und Unkenntnis des Ursprungs. Aber gerade als solcher greift er die ihren lebendigen Ursprung suchende Seele an und behauptet, sie habe sich von ihrem Drang nach Leben und Wahrheit, der durch Jesus in ihr angefacht wurde, betrügen und der Tradition der Väter abspenstig machen lassen. Die Eigenwilligkeit und Unwissenheit sucht sich zu behaupten, gerade indem sie in verblendeter Wohlmeinenheit jede lebendige unmittelbare Erfahrung des Ursprungs durch Hinweise auf bewährte Traditionen und Schriften zu ersticken versucht.

Doch die suchende Seele, Johannes, läßt sich nicht beirren, sie ist nur bekümmert, weil ihre Erfahrung des Ursprungs noch undeutlich und schwach ist. Sie entzieht sich allen Vorwürfen, um an einem Ort der Stille Klarheit zu gewinnen. Und hier wird ihr die »Geheimlehre« zuteil, geheim für alle, die in Eigenwilligkeit und Unwissenheit verstrickt sind. Vorurteile und der Glaube, in Tradition und Dogma sicheres Wissen zu besitzen, schließen die Erfahrung der wahren Erkenntnis aus. Diese ist nur für das Geschlecht bestimmt, das »nicht wankt«: für unbeirrbar auf ihren Ursprung gerichtete Seelen, die sich durch Drohungen und Versprechungen der Autoritäten nicht ablenken lassen, die aber auch vor der Wahrheit des Geistes und ihrer Kraft nicht zurückweichen und stark genug sind, sie zu empfangen, weil sie selbst ein Teil dieses Geistes sind.

Die Geheimlehre kommt zu solchen Seelen in Gestalt von Jesus, aber merkwürdigerweise ist es eine proteusartige Gestalt, manchmal Kind, manchmal Knecht, manchmal Greis. Ist es eine Geistererscheinung, die der in tranceartigem Zustand befindlichen Seele Mitteilungen aus übersinnlichen Welten macht? Nein, die Seele erlebt die Wahrheiten des Geistes bewußt, da in ihr der Geist, die Wahrheit, Jesus, wieder wirksam geworden ist. Sie ist am Ort der Stille frei geworden von allen Eindrücken der vergänglichen Welt und daher empfänglich für Erkenntnisse und Erfahrungen, die in ihr aus ihrem eigenen Ursprung, aus der Welt des Geistes lebendig werden.

Der ganze folgende Text ist eine Entfaltung dieser Erfahrungen. Und obwohl der Geist, die Wahrheit, unveränderlich ist, ewig derselbe, manifestiert er sich doch in unaufhörlich wechselnden Offenbarungen. Denn er ist gleichzeitig Ruhe und Bewegung, Sein und Werden – die Ruhe des Ursprungs, aus der alles fließt, und die Bewegung der erscheinenden Dinge, die sich nach den Gesetzen des Geistes entwickeln. Er ist Kind: immer neu und jugendfrisch; Greis: alle Erfahrungen hat er in sich gesammelt; und Knecht: Liebe, die unentwegt entfaltet, baut und das Verlorene rettet.

Dem Johannes enthüllt sich nun, da er sich in bewußter Einheit mit der Wahrheit befindet, schrittweise die Wahrheit über die Herkunft des Menschen und der Welt, den Zustand des Menschen und der Welt und die Zukunft des Menschen und der Welt.

Man kann fragen: Ist es überhaupt möglich, über die Herkunft des Menschen und der Welt Genaues zu wissen? Muß nicht alles, was vor Milliarden und Abermilliarden Jahren geschehen ist, für uns im Grunde Spekulation und Hypothese bleiben? Der Verfasser des »Apokryphon« würde antworten:

Alles, was in grauer Vorzeit geschehen ist und uns allmählich erzeugt hat, muß in uns noch gegenwärtig sein. Jeder frühere Zustand, den wir einst durchlebt haben, muß in uns als Spur noch vorhanden sein. Daher gibt es zwei Wege, sich der Vergangenheit zu nähern: den von außen über die Sinneswahrnehmungen – ihn beschreiten die Naturwissenschaftler – und den inneren Weg, auf dem sich dem dazu fähig gewordenen Bewußtsein die früheren Zustände des Menschen und der Welt, in der er gelebt hat, mitteilen. Ihn beschreitet Johannes.

So wie alle harmonischen und disharmonischen Zustände eines Menschenlebens, die Harmonie als Wohlbefinden, die Disharmonie als Schuld, die aufgelöst werden will, in der Gegenwart des Menschen weiterwirken, so wirken Ursprung und Schuld der gesamten Menschheit, von der jeder Mensch ein Teil ist, im Augenblick jedes Menschen weiter und können ihm ins Bewußtsein treten. Ja eben die Schuld der Eigenwilligkeit ist es, die den Menschen in Unwissenheit über seinen Ursprung gestürzt hat und ihn zwingt, mit einem dieser Unwissenheit entsprechenden Bewußtsein abgetrennt von seinem Ursprung in einem dauernden Spannungszustand zu leben. Daher liegt es geradezu in der Logik der Dinge, daß sich eines Tages der Geist als Ursprung des Menschen ihm wieder bewußt macht, wodurch der Mensch seine Unwissenheit verliert und die Spannung der Schuld aufgelöst wird in die Ruhe der Harmonie mit dem Geist der Wahrheit. So ist dann auch die Zukunft schon in uns gegenwärtig, als Auflösung der Spannung der Schuld der Eigenwilligkeit.

Vollziehen wir nach, was Johannes über seinen Ursprung und seine Vergangenheit, die in der Gegenwart und Zukunft fortwirken, erfährt. Er macht zuerst die überwältigende Erfahrung des Ursprungs aller Dinge, des Ursprungs auch des Menschen. Denn dieser Ursprung ist in ihm. Aber es handelt sich um den Ursprung des geistigen Menschen, nicht des Menschen, der wir jetzt sind.

Der Mensch, der wir jetzt sind, der in der vergänglichen Sinnenwelt bewußte sterbliche Mensch, stammt nur indirekt von dem Ursprung ab, den Johannes erfährt. Er hat eine andere unmittelbare Wurzel, von der in unserem Text später die Rede sein wird. Der Mensch, der wir jetzt sind, die denkende, fühlende, wollende und handelnde Persönlichkeit, kann den geistigen Ursprung der Welt, der, indirekt, auch sein Ursprung ist, nicht erkennen. Denn er ist mit Bewußtsein und Sinnen ganz auf die Welt der Sinne abgestimmt. Johannes macht die Erfahrung des Ursprungs ja nur, weil er sich aus der Welt der Sinne, dem Wohnort des sterblichen Sinnenmenschen, in die Stille zurückgezogen hat. Und dort erwacht der Geist, der Ursprung in ihm, der im Sinnenmenschen wie tot darniederliegt. Der Geist in ihm erfährt den Geist, aus dem er entstanden ist, in dem er wieder erwacht ist. Nicht die Sinne erfahren ihn, nicht die auf die Welt der Sinne bezogenen Gefühle und der Verstand.

Johannes erfährt den Ursprung des Geistmenschen, da der Geist in ihm wieder wach geworden ist. Und dieser Ursprung ist unendlich, für Verstand und Sinne unfaßbar, mit nichts der Sinnenwelt Angehörigem zu vergleichen, ein unbegrenztes Meer von geistigen Strukturen, Kräften und Offenbarungen. Dieser Ursprung ist auch nicht untätig, sondern sein Wesen ist unaufhörliches Schaffen. Unser Text schildert, wie sich diese Schöpfung des Ursprungs vollzieht: sie manifestiert sich auf drei ineinander konzentrischen Ebenen.

Auf der ersten Ebene schafft der unsichtbare Geist, der alles erfüllt. Es ist eine unerschöpfliche Fähigkeit, schöpferisch zu denken; mit dieser Fähigkeit ist das »Lichtwasser« verbunden, eine Energie-Materie, die ihrerseits der Quelle des Denkens entsprungen ist. In diesem Lichtwasser nun spiegelt sich die Fähigkeit des Denkens, wodurch die Eigenschaften des Denkens, die gleichsam in ihm verborgen lagen, der Reihe nach offenbar werden. Das Denken ist der »Vater«, das Lichtwasser die

»Mutter«. In unserem Text heißt der Vater der »jungfräuliche, unsichtbare Geist«. Er ist umgeben vom »Lichtwasser«, dessen Quell er ist. Im Lichtwasser spiegelt er sich: die Spiegelung und auch das Lichtwasser selbst, die Energie, ist die »Barbelo«, die »Mutter«. Und aus diesem Zusammenwirken von schöpferischem Denken und Energie, Liebe, enthüllen sich die im Vater liegenden primären Eigenschaften, fünf an der Zahl (zusammen mit der Mutter): die »Erste Erkenntnis«, d.h. bewußt gewordene Gedanken; die Unvergänglichkeit; das Ewige Leben; die Wahrheit.

Nach dem ersten Schöpfungsvorgang auf der ersten Ebene spiegelt sich der Vater, der schöpferische Geist wiederum in der Mutter, dem Lichtwasser, der Barbelo. Es entsteht auf einer zweiten, von der ersten umschlossenen Ebene der »Sohn«, Christus. Da alles aus dem schöpferischen Geist Hervorkommende selbst Geist ist, ist auch der »Sohn«, Christus, schöpferisch. Und so beginnt auf der zweiten Ebene ein zweiter Schöpfungsvorgang. Der Sohn, das Licht, spiegelt sich in der »Unvergänglichkeit« und erschafft so die vier »Lichter«. Sie entsprechen den primären Eigenschaften des Vaters auf der ersten Ebene. In Christus sind die drei Prinzipien der ersten Ebene in neuer Form wirksam: Der Vater als »Wille«, die Mutter als »Gedanke«, die »Erste Erkenntnis« als »Leben«. Diese drei Prinzipien verbinden sich jeweils mit den vier Lichtern, so daß zwölf Kräfte entstehen: die »zwölf Äonen des Sohnes«.

Aus der ersten und der zweiten Ebene entsteht nun eine dritte Ebene, von den ersten beiden umschlossen, auf der sich ein dritter Schöpfungsvorgang vollzieht. Durch den Willen des Vaters und den Willen des »Selbsterzeugten«, Christus, tritt aus der »Ersten Erkenntnis« und der vollkommenen Vernunft der vollkommene, der geistige Mensch, die geistige Menschheit ins Leben. Sie ist vierfacher Art, entsprechend den vier Lichtern des Christus: Adamas als geistige Wurzel der mental bestimmten Persönlichkeit; Seth als geistige Wurzel der durch das Fühlen bestimmten Persönlichkeit; die Söhne des Seth als geistige Wurzeln der durch den Willen bestimmten Persönlichkeit; und die geistige Wurzel der auf die Materie orientierten Persönlichkeit. Damit ist vorläufig die Schöpfung aus dem unsichtbaren Geist abgeschlossen. Sie manifestiert sich auf drei Ebenen, auf denen jeweils eine Triade von erzeugendem, empfangendem und entstehendem Prinzip auftritt.

Die höhere Ebene umschließt jeweils die niedrigere, während die niedrigere die höhere wiederholt und ihr Ausdruck ist. Im einzelnen Element wird das entsprechende Element des nächsthöheren Systems wirksam, das nächsthöhere wird vom noch höheren geleitet und mit Kraft versehen, so daß ein ständiger Kraftfluß von unten nach oben und umgekehrt erfolgt. Daher ist es möglich, daß Johannes, in dem der Geist erwacht, die drei Ebenen erkennt, zu denen er gehört. Der in Johannes erwachende Geist hat drei Stufen, mit denen er auf den drei großen Ebenen der geistigen Menschheit, des Christus und des Vaters zuhause ist.

Im allgemeinen schlummert im Persönlichkeitsmenschen, der auf die Welt der Sinne bezogen ist, dieser dreifache Geist, welcher ein Ebenbild Gottes, des Christus und der geistigen Menschheit ist. Wenn aber in einem Menschen der dreifache Geist erwacht, so wie es bei Johannes der Fall ist, werden ihm die drei Ebenen der

Schöpfung des Geistes bewußt. Er erfährt sich als unvergängliches schöpferisches Element innerhalb eines unendlichen, schöpferisch tätigen Denkens, Lebens und Erkennens, in dem er mitwirkt.

Nachdem der Schöpfungsvorgang auf den drei Ebenen des ursprünglichen Geistes abgeschlossen ist, vollzieht er sich weiter, indem nun die drei höheren Ebenen durch die erkennende Weltseele, »Sophia«, auf drei niedrigere Ebenen projiziert werden. Diese Schöpfung der Projektionen kann auf zwei Weisen geschehen: eine vollkommene und eine unvollkommene Weise. Im vorliegenden Text erfährt und schildert Johannes nur die unvollkommene Weise, durch die es zu dem Zustand kam, in dem sich der Mensch jetzt befindet: dem Geist nach schlafend, unbewußt, mit einer Persönlichkeit, einer Projektion des Geistes ausgestattet, die vergänglich ist und nicht mehr im Geist erkennt, weil sie nicht das reine Bild des Vaters, des Christus und des ersten, geistigen Menschen, ist.

Aber andere Texte, z. B. die *Sophia Jesu Christi*, schildern auch – vor oder nach der unvollkommenen Schöpfung – eine vollkommene Weise der Schöpfung der Projektionen: Die geistige Menschheit der dritten Ebene bildet in diesem Fall mittels einer ihrer Eigenschaften, der »oberen Sophia«, der klar erkennenden Seele, die ursprüngliche Welt des Geistes ab, wie ein reiner Spiegel einen Gegenstand abbildet. So entstehen auf den unteren drei Ebenen Welten, die den oberen entsprechen, und Wesen, die aus den Elementen der unteren Welten aufgebaut sind, aber ebenfalls den Wesen der oberen Welten entsprechen: die menschlichen Persönlichkeiten, die in diesem Fall den geistigen Menschen umhüllen und geeignetes Ausdrucks- und Handlungsorgan für ihn sind.

Statt dessen aber schildert unser Text, und Johannes erlebt es im Geiste, wie ein großer Bruch im Geschehen erfolgt: Es entsteht eine unvollkommene Schöpfung der Projektionen. Sophia schafft in einem bestimmten Augenblick nicht im Einverständnis mit ihrem »Gefährten«, dem Geist, sondern in Eigenwilligkeit. Aus ihr entsteht daher ein »Sohn«, der eine Mißgeburt ist. Sie offenbart die in ihr liegenden Eigenschaften: Schöpfertum, Eigenständigkeit, Erkenntnis, ohne daß der Geist daran beteiligt wäre. Sie schafft in blindem, vom Geist abgeschlossenen Schöpfungsdrang. Und so entsteht aus ihren Eigenschaften ein vom Geist abgetrenntes Wesen: zwar auch schöpferisch, aber eigenwillig und in Unkenntnis, in Unverstand. »Jaldabaoth« ist löwengesichtig – das ist sein schöpferischer Eigenwille, und drachengestaltig – das ist sein eigenwilliger, listiger Verstand, der im Vergleich zur Geisterkenntnis Unverstand ist.

Dieses Prinzip der Finsternis steht außerhalb des Lichtes, es ist gegen das Licht gerichtet, eine Verselbständigung von Eigenschaften, die nur wertvoll sind, wenn sie im Einklang mit dem Geist wirken. Wirken sie ohne diesen Einklang, so bauen sie eine Gegenwelt gegen den Geist auf, so wie Krebszellen aufgrund von Informationen, die nicht im Einklang mit der Gesamtinformation des Körpers stehen, sich gegen den Körper entwickeln. Jaldabaoth ist ein Zwitterprinzip: es enthält in sich Kräfte der Weltseele, ihre »Lichtkraft«, da es ja aus der Weltseele entstanden ist, verdunkelt dieses Licht aber gleichzeitig durch seinen Unverstand, seine Eigenwilligkeit.

Es ist das auch in der menschlichen Seele, unserer Seele, wirkende Prinzip, und hier wird es uns deutlich erfahrbar. Aber es konstituiert unsichtbar die ganze uns sichtbare Welt. Diese uns sichtbare Welt, eine Gegenwelt zu der des Geistes, wird vom Prinzip der Eigenwilligkeit aufgebaut, und zwar in Entsprechung zur Welt des Geistes. Sie ist eine Projektion der Welt des Geistes, verdorben durch das Prinzip der Eigenwilligkeit. Der Gott dieser Welt, Jaldabaoth, hat ja in sich auch die Lichtkraft seiner »Mutter«, der Weltseele, und »kennt« daher die Struktur der geistigen Welt, nach deren Vorbild er seine eigenwillige Welt schafft. Seine Welt ist daher auch dreigestuft, entsprechend den drei Ebenen der oberen Welt. Er selbst ist ihr Gott, wirksam von der untersten Ebene aus (spiegelverkehrt zur obersten geistigen), wo er mit dem »Abgrund«, der durch Eigenwilligkeit verfestigten Materie, zusammenarbeitet.

Konzentrisch in ihr gelegen ist die zweite Ebene der Welt der Projektionen, wo Jaldabaoth sieben Gewalten und zwölf Äonen sowie eine große Anzahl Engel bildet, die diese Welt regieren. Unschwer lassen sich in den sieben Gewalten die sieben klassischen Planeten der Astrologie erkennen, in den zwölf Äonen, die wechselweise an Kraft abnehmen und wieder zunehmen, die zwölf Prinzipien des Tierkreises, die unsere Welt bestimmen. Die »Engel« wären Naturgesetze, die in unserer Welt wirksam sind, alle durchdrungen von dem einheitlichen, ihnen übergeordneten Prinzip der eigenwilligen Abschließung vom Geist.

Auf der dritten Ebene von unten – im Reich des Jaldabaoth – müßten nun, in Entsprechung zur dritten Ebene der oberen Welt, die Menschen der Eigenwillig-

keit entstehen. Aber hier tritt wieder ein unvorher-
gesehenes Ereignis ein: Die Sophia erkennt ihren Fehler.
Ihre Aufgabe wäre es gewesen, den Schöpfungsvorgang
nach den Gesetzen des Geistes fortzusetzen, und eine
dreifache Projektion der dreifachen Welt des Geistes zu
schaffen, wobei die ersten beiden Ebenen im Reich der
Projektionen Voraussetzungen für die dritte, die Projektion des Menschen, wären. Sie hat aber nun den Gott
der Eigenwilligkeit und seine Diener, die Äonen und
Archonten, geschaffen.

Als sie sieht, welche Schöpfung sie da in Gegen-
bewegung zu ihrem Gefährten, zum Geist, ins Leben
gerufen hat, erschrickt und bereut sie. Indem ihr in ihrer
Projektion die Abweichung vom Gesetz des Geistes vor
Augen tritt, wird sie ihr bewußt – und sofort fleht
sie um Hilfe. Das heißt, sie nimmt von der Eigenwilligkeit Abschied. Die Hilfe kommt, der Geist nähert sich
ihr, auf den sie sich nun wieder ausrichtet. In dieser Ausrichtung zeigt sich ihr der ursprüngliche, geistige
Mensch, den sie vergessen hatte, auf den hin sie aber
ihre ganze Schöpfung anlegen sollte.

Doch ist die Eigenwilligkeit und ihre vom Geistgesetz
abweichende Schöpfung nun einmal vorhanden und
kann nicht so einfach beseitigt werden. Sie wirkt fort, ja
sie mischt sich in die Aufgabe der Sophia auf ihre Weise
ein. Auch sie bemerkt nämlich das Urbild des ursprünglichen Geistmenschen, das der Sophia wieder bewußt
wird, aber auf andere Weise als die Sophia. Während
diese in ihrer Ausrichtung auf den Geist es unmittelbar
erkennt, kann die Eigenwilligkeit, selbst eine Gegenpro-
jektion zum Geist, nur eine Projektion, ein Spiegelbild
des Geistmenschen wahrnehmen, das sich in der Gegen-

schöpfung reflektiert und dadurch verdorben ist. Aber Jaldabaoth und seine Diener beginnen nun in ihrem Schöpferdrang, nach dem Muster dieses Spiegelbildes einen Menschen in ihrer Sphäre zu schaffen. Und damit beginnt die Geschichte der Menschheit, die zu dem Ergebnis des heutigen Menschen geführt hat.

Diese Geschichte ist somit durchzogen von zwei Prinzipien: dem Prinzip der Eigenwilligkeit, und dem Prinzip der bereuenden Sophia, deren Kraft trotz der Eigenwilligkeit fortlebt und durch sie hindurchwirkt. Es ist das Prinzip der Erkenntnisfähigkeit, der Denkkraft, die nach der Erkenntnis des Geistes zurückstrebt, während das Prinzip der Eigenwilligkeit diese Denkkraft verdunkeln und sich und den Menschen vom Geist abschließen möchte. Diese Wurzeln des gegenwärtigen Menschengeschlechts lassen sich in jeder Menschenseele erfahren. »Zwei Seelen wohnen, ach, in meiner Brust«: die eine sehnt sich nach ihrem Ursprung, dem Geist, die andere umklammert die Welt der Sinne.

Wäre der Mensch eine reine Projektion des ursprünglichen Geistmenschen, so könnte er Verbindung mit ihm aufnehmen und ihn rein widerspiegeln. Da er aber eine durch Eigenwilligkeit verdorbene Projektion ist, ist er eine Karikatur des Geistmenschen, die gegen diesen gerichtet ist. Und so streiten in der Menschheit zwei einander entgegengerichtete seelische Prinzipien miteinander: das eine will die Persönlichkeit mit dem Geistmenschen, dem ursprünglichen Menschen, verbinden, das andere möchte sich durch die Persönlichkeit gegen den Geist behaupten.

Beide Aspekte, eigenwillige Persönlichkeit und Geistseele, sind zu dem Zweck miteinander verbunden, daß nach einem großen Plan des Geistes, in Zusammenarbeit mit der bereuenden Weltseele Sophia, der Fehler der Sophia wieder gutgemacht wird, indem sich im Menschen die Lichtkraft der Sophia immer mehr der Eigenwilligkeit der Persönlichkeit nähert, um sie schließlich von innen her aufzulösen. Am Ende wird die Eigenwilligkeit, Jaldabaoth, aufgebrochen sein, das ganze Reich des Jaldabaoth und die Menschheit zu einer reinen Projektion des Geistes geworden sein, die ihn erkennt und sein Instrument ist, wobei auch die Natur, die zwei unteren Ebenen der Welt der Projektionen, wieder reines Abbild der oberen Geistwelt geworden sein wird.

Dieses große Drama der Entwicklung der Menschheit aus den zwei Strömungen in der Weltseele erfährt nun Johannes; denn auch dieses Drama trägt er in sich, ist er doch selbst eine von einer eigenwilligen Persönlichkeit umhüllte Seele. In jedem Akt des Dramas wird Jaldabaoth, die Eigenwilligkeit, auf ihre Weise aktiv, gleichzeitig wird diese Aktivität aber auch durch Maßnahmen der Sophia, die jetzt im Bunde mit dem Geist steht, durchkreuzt. Die Menschheit ist das Feld dieser Auseinandersetzung.

Im ersten Akt schafft Jaldabaoth, die Eigenwilligkeit, den Menschen, und zwar zunächst als biologisches Wesen, als Tier, das »nicht aufrecht gehen« kann und überdies zunächst mit einem nur energetischen »Leib« von feiner Materie ausgestattet ist, ein rein seelisches Wesen ohne grobmateriellen Körper. Dieses Wesen Mensch ist Ausdruck sämtlicher Äonen und Engel des Jaldabaoth, denn alle arbeiten sie mit an dieser Schöpfung, jeder trägt den Teil dazu bei, der seiner Art entspricht.

Der Mensch ist ein Gebilde, in dem sämtliche Natur-gesetze, die »Engel«, wirksam sind, darüber hinaus auch die den Kosmos bestimmenden Prinzipien, die sieben großen »Gewalten«, Kraftprinzipien, die den ganzen Kosmos durchziehen, und die zwölf Äonen, Eigenschaf-ten, die ebenfalls im ganzen Kosmos wirksam sind. Der Mensch ist ein Mikrokosmos, in dem all diese Kräfte, Eigenschaften und Gesetze des Makrokosmos, unter der Führung des Prinzips der Eigenwilligkeit, zusammenströmen. Sie strömen überdies zusammen nach dem Muster des ursprünglichen Menschen, das sich ja in den Gewalten, Äonen und Engeln reflektiert hatte, so daß jeder seinen Teil dieser Projektion zum Ganzen beiträgt.

Da der Mensch in diesem Stadium seiner Entwicklung ein Tierwesen ist, das nicht »aufrecht gehen« kann, ein Wesen ohne Selbstbewußtsein mit einer nur ani-malischen Seele, kommt ihm die Sophia zu Hilfe. Jalda-baoth wird von ihr veranlaßt, dem Menschen auch die Lichtkraft der Sophia einzuhauchen, die Denkkraft, die ja in ihm auch vorhanden ist. Sobald dies geschieht, wird der Mensch eine lebende Seele, er »richtet sich auf«, wird vom Tier zum Menschen. Von nun an ist er nicht nur animalische Seele, aufgebaut aus der Natur, sondern auch Geistseele, die aus der Geistwelt stammt, obgleich diese Geistseele zunächst nur sehr schwach entwickelt ist, sich in der Folge in steter Auseinandersetzung mit der animalischen Seele befindet, und noch keine unmit-telbare Beziehung zur Geistwelt aufnehmen kann. Aber der Anfang ist gemacht, innerhalb einer animali-schen, biologischen Tierseele und einem, vorläufig noch, feinstofflichen Körper beginnt sich die Lichtkraft, die

Vernunft, zu regen und wird zunehmend unabhängig von der Körperlichkeit, »erhebt« sich über sie.

Das ist nun die Einleitung für den zweiten Akt des Menschheitsdramas in der Welt des Jaldabaoth. Es ist der Akt, in dem die Umkleidung des feinstofflichen Körpers des Menschen mit einem noch festeren Kleid, dem grobstofflichen Körper erfolgt, womit dann auch die Trennung der Geschlechter einhergeht.

Die Lichtkraft im Menschen, die Denkkraft, das Erbe des Geistes, hatte sich im Menschen entfaltet und ihn erkennen lassen, daß seine eigentliche Heimat der unvergängliche Geist, der »Vater« ist, während das Reich der Eigenwilligkeit, die Natur, aus der sein Körper stammt, nur der Boden sein sollte, in dem sich der Geist entfaltet.

Aber in dem Maße, wie er sich auf das Reich des Geistes ausrichtete und von der Natur entfernte, forderte diese um so nachdrücklicher ihre Rechte. In unserem Text wird das so dargestellt, daß Jaldabaoth und seine Diener »neidisch« auf die Höhe wurden, zu der sich der Mensch aufgeschwungen hatte, und ihn nun erst recht und noch tiefer hineinzogen in ihre Sphäre, so wie ein Mensch, der sich von Fesseln zu befreien sucht, erst recht spürt, wie sie in sein Fleisch schneiden. Sie schufen dem Menschen nun den Körper aus Fleisch und Bein, in dem er sich gegenwärtig befindet.

Das ist wiederum nicht so vorzustellen, daß sie wie Handwerker von außen die Materie formten, sondern daß sie als in der Natur immanente gesetzmäßige Kräfte allmählich feste Formen auskristallisierten, durch das

Pflanzen- und Tierreich hin in einem evolutiven Lern-
prozeß, so daß der schließliche Menschenkörper ein
Abbild im kleinen aller Gesetze, Prinzipien und Kräfte
der Natur war. Es ist aber nun ein Körper aus den grobmateriellen Elementen der Natur, dem Feuer, der Luft,
dem Wasser und der Erde: er besteht aus Materie in gasförmig heißen, gasförmig kühlen, flüssigen und festen
Zuständen.

Im Unterschied zur materialistischen Evolutionslehre,
nach der sich die Lebewesen – und als deren höchster
Organismus der Mensch – durch zufällige Mutationen
und Selektion innerhalb der materiellen Welt gebildet
haben, ist in unserem Text klar gesagt, daß Informationen und Energien, eben die Kräfte, Prinzipien und
Naturgesetze der Welt, nach einem bestimmten Plan
und Muster den Menschen erzeugt haben.

Die Evolutionstheorie beschreibt nur die Entwicklung
der äußeren Form und läßt neue Formen aus alten durch
zufällige Mutationen hervorgehen. Der Autor unseres
Textes sieht dagegen Informationsmuster und damit ver-
bundene Energien, die sich mit Formen umkleiden.
Eine noch unvollkommene Form kann den in ihr wir-
kenden Plan auch nur unvollkommen zum Ausdruck
bringen. Je vollkommener die Form wird, desto vollkommener enthüllt sie den ihr innewohnenden Plan.

Auch die Gesetzmäßigkeiten von Mutation und Selektion hätten in diesem System durchaus ihren Platz: die
Mutationen wären nicht zufällig, sondern Ergebnis von
Erfahrungen, die die dem Plan immanente Intelligenz
mit der jeweiligen Form macht. Diese Erfahrungen
werden dann mittels einer Mutation in eine verbesserte

Form umgesetzt, die dem Plan und den Umweltbedingungen besser entspricht. Wie der Mensch aus seinem Verhalten Erfahrungen bezieht und sie im Gedächtnis speichert, um eines Tages ein neues Verhalten zu kreieren, das seinen Plänen besser entspricht, so ist auch vorstellbar, daß die dem Kosmos und jedem Lebewesen immanenten Kräfte, Prinzipien und Gesetze mittels der Formen, in denen sie sich gerade ausdrücken, Erfahrungen machen und sie in einer Art Gedächtnis speichern, um zu gegebener Zeit Formen zu entwickeln, die ihr Wesen besser ausdrücken und der Umwelt besser angepaßt sind. Wenn im Menschen Phänomene wie Erfahrung, Gedächtnis und Neuorientierung möglich sind, so müssen sie auch, vielleicht in anderer Ausprägung, in der gesamten Natur vorgegeben sein. Ist doch der Mensch Gesamtausdruck der Natur!

Die Form des Menschen, die Persönlichkeit, von den Kräften und Prinzipien des gesamten Kosmos geschaffen, ist also nach dem Urmuster des geistigen Menschen geschaffen, welches jedoch durch die den ganzen Kosmos durchziehende Eigenwilligkeit gebrochen ist. Das Ergebnis ist die Ichheit des Menschen. Die Menschen schließen sich von Natur aus voneinander ab. In ihnen kommt der selbstbehauptende Wille zum Vorschein, das Prinzip des Jaldabaoth, der sich stets von anderen abgrenzt und dadurch einen Mangel an Einheit empfinden muß.

In dieser Persönlichkeit: einem Ichkern der Eigenwilligkeit, umhüllt von der animalischen Seele (Willen, Gefühl und Vorstellungen) und dem festen Körper war der Mensch wie in einem dichten Gefängnis eingesperrt und den Gesetzen der Materie ausgeliefert, während seine Lichtkraft, verstanden als Fähigkeit, mit dem Geist in Verbindung zu treten und ihn zu erkennen, inmitten dieses Gefängnisses fast unwirksam wurde. Aber auch jetzt arbeitete sie sich wieder durch den erkenntnistrübenden Schleier des grobmateriellen Körpers hindurch und wurde eine Gefahr für die fraglose Einheit mit der Natur. Nun griff, bildlich gesprochen, Jaldabaoth zu einem drastischen Mittel: er »trennte« die Lichtkraft von dem animalisch seelischen und körperlichen Menschen. Das bedeutete die Trennung der Geschlechter und führte zur Erscheinung des Todes.

Die Trennung der Geschlechter und der Tod sind in unserer Welt und für unser Bewußtsein allgegenwärtige Tatsachen, Selbstverständlichkeiten, und doch die größten Geheimnisse. Wer dürfte sich, mit dem dieser Welt angehörenden Bewußtsein, an ihre Enträtselung wagen? Und doch empfindet der Mensch vielleicht: in diesen Phänomenen zeigt sich der Bruch, der seine ganze Existenz charakterisiert, am deutlichsten. In der Tatsache, daß es zwei Geschlechter gibt, macht sich uns bemerkbar, daß der Mensch nicht eins ist mit dem Kosmos. Gewiß, diese Erfahrung drängt sich dem Menschen auf Schritt und Tritt auf, aber am schmerzlichsten doch dann, wenn er anläßlich der Begegnung mit dem anderen Geschlecht fühlt, wie ergänzungsbedürftig er ist, wie er aber auch durch eine scheinbar vollkommene Vereinigung mit dem Partner auf Dauer ergänzungsbedürftig bleibt.

Und im Tod andererseits zeigt sich, daß alles, was der Mensch ist und aufbaut, den Maßstäben der Ewigkeit, mit der er sich ahnend verbunden fühlt, nicht standhält. Für unser Bewußtsein sind die Phänomene

Geschlecht und Tod unauflösliche Rätsel. Die Entstehung der Geschlechter läßt sich von der Formseite her wissenschaftlich durchs Pflanzen- und Tierreich verfolgen. Über ihren evolutiven Sinn hat man die Theorie aufgestellt, daß durch diese »Erfindung« der Natur die Kombinationsmöglichkeiten und damit die Entwicklungsmöglichkeiten innerhalb einer Art ungeheuer ansteigen. Was die Entstehung des Todes betrifft, so ist die Wissenschaft über Hypothesen in bezug auf Abnutzungserscheinungen nicht hinausgekommen.

Aber der Johannes unseres Textes ist in einen Zustand der Einheit mit dem Geist und seinen Gesetzen eingetreten. Von ihm aus erfährt er die Welt des Jaldabaoth, unsere Welt, als Abweichung von der Welt des Geistes, und es werden ihm die Entstehung der Geschlechtertrennung und des Todes als Folgen dieser Abweichung bewußt. Unser Text drückt diese Erkenntnisse und Erfahrungen in Bildern aus.

Da die Welt der Erscheinungen, der Selbstbehauptung und Eigenwilligkeit, eine Projektion der Welt des Geistes ist, muß alles in dieser Welt Erscheinende ein Vorbild in der Welt des Geistes haben, insbesondere der Mensch, insbesondere auch die Geschlechtertrennung. Aber im Reich des Geistes handelt es sich nicht um eine Trennung, sondern um die harmonische Zusammenarbeit zweier Pole in einem Wesen, dem ursprünglichen Menschen.

Nach anderen gnostischen Schriften, z. B. der *Apokalypse des Adam* – in unserem Text wird das vorausgesetzt – gibt es im Reich des Geistes zwei Typen von Menschen: in beiden Typen sind jeweils zwei Pole wirksam, der des Geistes und der der Seele, sie arbeiten zusammen. Aber im einen Typ ist der Geist nach innen, die Seele nach außen gewendet – das wäre der »passive«, »weibliche« Typ. Im anderen ist die Seele nach innen, der Geist nach außen gewendet – der »aktive«, »männliche« Typ. Beide Typen sind in sich autark, sie bedürfen prinzipiell des jeweils anderen nicht, obwohl sie gerne mit ihm zusammenarbeiten, da sie sich ergänzen.

Auch noch im ersten Akt der Geschichte der Menschheit im Reich der Projektionen sind beide Pole – der eine als Lichtkraft, Ausfluß des Geistes, der andere als Geistseele – im Menschen wirksam. Sie arbeiten gemeinsam an der Instandhaltung des noch feinstofflichen Körpers und erneuern diesen ständig, so daß er nicht stirbt. Entsprechend den zwei Typen im Reich des Geistes gibt es auch in diesem Stadium der Menschheitsentwicklung zwei autarke Typen, die sich miteinander ergänzen: in einem ist die Lichtkraft positiv, die Seele negativ, im anderen die Seele positiv, die Lichtkraft negativ, und entsprechend sind auch die Körper jeweils unterschiedlich. Die feinstofflichen Körper können noch von den beiden zusammenarbeitenden Polen instand gehalten, erneuert und regiert werden. Der grobstoffliche Körper dagegen hat ein so großes Eigengewicht, die Eigenwilligkeit der Seele und er gehen eine so feste Verbindung ein, daß sich nun der Geist von der Seele trennen muß: er kann sich über die Seele und den grobstofflichen Körper nicht mehr ausdrücken. Er wird durch die Eigenwilligkeit in Latenz, in »Schlaf« versetzt. Das wird in unserem Text als Aktivität des Jaldabaoth, der Eigenwilligkeit, dargestellt.

Jaldabaoth trennt Lichtkraft und Seele, er läßt einen

»Schlaf« auf Adam fallen, d. h. er macht die Lichtkraft, die Kraft des wachen Geistes, unwirksam und latent. Sie zieht sich in die Verborgenheit zurück. Wirksam bleibt nun nur noch die animalische Seele mit ihrer Eigenwilligkeit, bei dem einen Typ weiblich, beim anderen Typ männlich. Es ist nur noch ein Pol im Menschen aktiv. Das bedeutet, daß der Körper nicht mehr ausreichend instand gehalten und erneuert werden kann: er stirbt. Es muß jetzt ein Weg zur Neubildung von Körpern gefunden werden. Dieser Weg besteht darin, daß aus dem ursprünglichen Körper ohne Geschlechtsorgane zwei verschiedene Körper mit unterschiedlichen Geschlechtsorganen gebildet werden und daß zwei unterschiedliche Typen von Seelen, die eine weiblich, die andere männlich, mittels der unterschiedlichen Körper gemeinsam neue Körper erzeugen. Die Bildung von zwei unterschiedlichen Körpern mit unterschiedlichen Geschlechtsmerkmalen aus einem ursprünglichen Körper wird mit dem Bild angedeutet, daß das Weib aus der Seite – oder der Rippe – Adams geschaffen wurde.

Der Zeugungsprozeß geschieht also dadurch, daß zwei Seelen, verschieden gepolt, wegen dieser unterschiedlichen Polarisierung einander anziehen und ihre einander ergänzenden Kräfte mittels der Körper zusammenwirken, um einen neuen Körper entstehen zu lassen. Dieser neue Körper ist seinerseits Ausdruck einer Seele, die nur einen Pol darstellt, und somit sterblich. Es bedarf wiederum einer anders polarisierten Seele mit Körper, um mit dieser einen neuen Körper zu erzeugen.

Der ursprüngliche Zustand in der Welt des Geistes und auch noch der Zustand in der ersten Phase der Menschheitsentwicklung im Reich des Jaldabaoth, war also die

Zusammenwirkung zweier Pole, der Lichtkraft und der Seele, in einem Wesen (das in zwei Typen in Erscheinung trat), dessen Körper unsterblich war, da er stets erneuert wurde, und daher auch keiner Zeugungs- oder Empfängnisorgane zur Erzeugung anderer Körper bedurfte. Der neue Zustand war die Latenz des geistigen Pols, wodurch nur noch der seelische Pol wirksam war. Der Körper wurde sterblich, was bedeutete, daß nun zwei verschieden gepolte Seelen mit verschiedengeschlechtlichen Körpern zur Erzeugung eines neuen Körpers zusammenarbeiten mußten. Durch die Trennung von Geist und Seele kam es zu der Notwendigkeit einer Zusammenarbeit zwischen zwei Seelentypen und entsprechend organisierten Körpern, damit ein neuer Körper entstehen konnte, also zur Geschlechtertrennung, wie wir sie kennen.

Durch die Trennung von Geist und Seele wurde aber auch der Körper sterblich, kam der Tod in die Welt. Die Geschlechtertrennung und der Tod gehen auf die gleiche Ursache zurück.

Wenn Tod und Geschlechtertrennung Resultate eines Verstoßes der Menschheitsseele gegen geistige Gesetze sind, Resultate einer Abschnürung von den Kräften und Gesetzen des Geistes, wodurch diese unwirksam wurden — dann wird verständlich, weshalb der Verfasser unseres Textes auch stets eine Aufhebung dieser Resultate ins Auge faßt und die Erlösung des Menschen mit der Aufhebung von Tod und Geschlechtertrennung in Verbindung bringt. Denn was durch einen »Fehler« — die Abschnürung vom Geist durch Eigenwilligkeit — ins Dasein getreten ist, muß sich durch die Beseitigung dieses Fehlers – die Wiederverbindung der Seele mit dem Geist – rückgängig machen lassen.

Eine Wiederverbindung der Seele mit dem Geist, der jetzt im Menschen latent ist, würde den Geist aktivieren und Körper entstehen lassen, die unsterblich wären als reine Projektionen des Geistes, welche aus der Zusammenarbeit zweier Pole: der Seele und dem Geist, dauernd unterhalten werden könnten. Damit entfiele auch die Notwendigkeit der Herausbildung von Geschlechtsorganen, und die Geschlechtertrennung im Sinne zweier bei der Schaffung neuer Körper aufeinander angewiesener Wesen würde aufhören.

Solche Erkenntnisse, wie sie Johannes in unserem Text gewinnt, sind freilich für die materialistische Denkweise schwer verdaulich. Für den Materialisten sind Tod und Geschlechtertrennung unwiderrufliche Grundeigenschaften der materiellen Welt von einer bestimmten Organisationshöhe der Lebewesen an. Da er von geistigen Kräften hinter der materiellen Welt nichts wissen will, muß ihm die Vorstellung von einer Aufhebung des Todes und der Geschlechtertrennung, die nur aus geistigen Kräften erfolgen kann, absurd erscheinen.

Dem Religiösen aber sind diese Vorstellungen vertraut. Er erinnert sich an die Aussagen der Bibel über die Auferstehung von den Toten, nach der die Menschen nicht mehr freien und gefreit werden, sondern geschlechtslos sind wie die Engel. Aber für ihn ist diese Auferstehung von den Toten ein durch die Macht Gottes ins Werk gesetztes Wunder, an dem der Mensch nicht mitwirkt.

Für den Verfasser des *Apokryphon* dagegen ist die Erkenntnis des Menschen von seinem gegenwärtigen Zustand und seine Bereitschaft, die Eigenwilligkeit preiszugeben, um den Geist wieder zu empfangen und wirken zu lassen, notwendige Voraussetzung für die Auferstehung von den Toten. Die Erlösung des Menschen vollzieht sich in ihm durch die Kraft des Geistes, nicht durch Aktivitäten außerhalb von ihm.

In der Trennung der Geschlechter und ihrer gegenseitigen Anziehung liegt eine große Chance: daß nämlich die einzelne Seele erkennt, daß sie nicht vollständig ist und einer Ergänzung bedarf; daß sie gleichzeitig erfährt, daß durch den Partner diese Vollständigkeit niemals erreicht wird; daß daher in ihr die Ahnung entsteht, daß nur in der Wiederverbindung mit der Lichtkraft, die latent geworden ist, die Vollständigkeit, die Autarkie, erreicht werden kann. Und daß es darauf ankommt, die Trennung von dieser Lichtkraft, die durch die Eigenwilligkeit erfolgte, aufzuheben, die Verbindung zu dieser Lichtkraft zu suchen und wieder herzustellen.

Diese spontane Erkenntnis einer Seele und ihre erneute Verbindung mit der Lichtkraft wird denn auch in unserem Text geschildert, indem Adam mit höchster Freude in Eva seine Lichtkraft, die in ihm selbst latent geworden ist, wieder erkennt. Die Geschlechtertrennung hat ein Ergebnis, welches der Absicht des Jaldabaoth geradezu widerspricht.

In der Trennung der Geschlechter und ihrer gegenseitigen Anziehung liegen aber auch große Gefahren: erstens, daß der Mensch durch sie dem Reich der Eigenwilligkeit und Materie nur noch tiefer verfällt, indem er sich dem Vorgang der Zeugung und Empfängnis mit allzu großer Lust hingibt und darüber die Erkenntnis vergißt, die ihm aus dieser Erfahrung zuwachsen könnte. Zweitens, daß der Mensch glaubt, mittels des Partners seine Vollständigkeit, seine Einheit mit dem Geist wiederherstellen zu können. Er bildet sich ein, die Lichtkraft, die er in sich selbst wieder freimachen muß, könne er aus dem anderen Partner beziehen. Dann glaubt er, durch die Verbindung mit dem Partner sich der Lichtkraft »bemächtigen« zu können. Und eben dies wird in dem Bild geschildert, wie Jaldabaoth, die Eigenwilligkeit, sich dem Weib nähert, um in ihr die Lichtkraft zu ergreifen. Er ergreift aber nur das von der Lichtkraft getrennte Animalisch-Seelische.

Es käme also darauf an, daß der Mensch, indem er sich der Lichtkraft im anderen Partner bewußt wird, sich auf seine eigene Lichtkraft besinnt und sich wieder mit ihr vereinigt, indem er seine Eigenwilligkeit preisgibt. Während es eine Sackgasse wäre, wenn der Mensch sich der Lichtkraft im anderen Partner bewußt würde, sich dann aber eigenwillig dieser Lichtkraft zu bemächtigen suchte.

All diese Vorgänge spielen sich im Paradies ab, in das Jaldabaoth den Menschen gesetzt hatte, damit dieser sich an den Freuden des Paradieses, der Welt des Jaldabaoth, erfreue. Nun ist in unserem Text die Rede von verschiedenen Bäumen, von denen der Mensch essen kann. Was bedeutet »Baum«? Es bedeutet die Strukturen, Kräfte und Prinzipien der Umwelt, von denen der Mensch sich nährt und denen er daher gleich wird. Der Baum, den ihm Jaldabaoth, das Prinzip der Eigenwilligkeit, betrügerisch als Baum des Lebens anbietet, ist die Kraft der Eigenwilligkeit, die der Mensch zu sich nimmt, wenn er eigenwillig in Selbstbehauptung auf die Selbstbehauptung reagiert, die ihm in der Welt der Selbstbehauptung von allen Seiten entgegenkommt. Er ist dann gleichförmig mit dieser Welt des Jaldabaoth.

Aber bedeutet diese Gleichförmigkeit tatsächlich Leben für ihn? Wenn sein wahres Wesen in der Welt des Geistes liegt, so ist die Nahrung der Eigenwilligkeit gerade Gift für ihn. Denn die Eigenwilligkeit ist der Welt des Geistes ja entgegengesetzt. Daher ist der Baum des Lebens des Jaldabaoth der Tod für den wahren Menschen. Und der Erlöser, die Kraft des wahren Menschen, informiert Johannes denn auch darüber, daß eine Hingabe an das Prinzip der Eigenwilligkeit im Menschen Selbstbetrug, Selbstmord wäre, obwohl ein solches Leben wegen der Gleichförmigkeit mit der Eigenwilligkeit, die keinen Anstoß erregt, sehr bequem wäre.

Neben dem Baum des Lebens in Eigenwilligkeit gibt es zwei Bäume der Erkenntnis, von denen der Mensch essen kann. Beide sind ihm vom Prinzip der Eigenwilligkeit verboten. Der eine Baum der Erkenntnis ist der Zustand und die Welt des Geistes. Wer sich von dieser Welt nährt, durch Erkenntnis in sie eintritt, der verwirklicht die Lichtkraft in sich, sein wahres Wesen. Aus diesem Baum, der Welt des Geistes, die im Menschen angelegt ist, tritt ihm der Erlöser in Gestalt des Adlers, Symbol des Geistes, entgegen: im Menschen wird der Geist lebendig. Und so ist dieser Baum der Erkenntnis des Geistes der wahre Baum des Lebens, von dem der Mensch essen muß, um aus seiner Gefangenschaft im Reich des Jaldabaoth frei zu werden und wahres Leben im Geist zu gewinnen, das seiner Bestimmung entspricht. Selbstverständlich wendet die Eigenwilligkeit alle ihre Mittel an, um dem Menschen die Nahrung von diesem Baum zu »verbieten«, die ihn ihrer Herrschaft entziehen würde.

Der andere Baum der Erkenntnis ist derjenige, aus dem die Schlange spricht. Es handelt sich hier nicht um Erkenntnis des Geistes durch den Geist im Menschen, sondern um Erkenntnis der Welt der Erscheinungen mittels des Verstandes. Je mehr sich der Mensch von diesem Baum nährt, desto kräftiger entwickelt sich sein Verstand, mit dem er scheinbar auch von der Natur immer unabhängiger werden kann. Denn er erkennt ihre Gesetze und nutzt sie aus, er stellt sich in Eigenwilligkeit der Natur gegenüber. Damit zerbricht er zwar die Harmonie mit der Natur, mit dem Reich der Eigenwilligkeit, teilt die Kräfte der Natur in Gut und Böse ein, je nachdem sie seinen eigenwilligen Zielen dienlich sind, und entzieht sich daher mehr oder weniger dem Gebot des Jaldabaoth, in Einklang mit seinem Reich zu leben. Doch bleibt er, weil sein Verstand nach dem Prinzip der Eigenwilligkeit funktioniert, dem Reich des Jaldabaoth im Grunde verhaftet, selbst wenn er in der Lage wäre, es durch seine Eigenwilligkeit zu zerstören.

Dies ist genau die Situation der gegenwärtigen Menschheit, und man kann aus diesen Bildern gut ablesen, welchen Weg diese Menschheit einschlagen müßte. Würde sie auf die Entfaltung des Verstandes, der nach Gut und Böse einteilt und die Natur nach diesem Maßstab beherrscht und verdirbt, zugunsten einer gehorsamen Rückkehr zum Reich des Jaldabaoth, zur Natur, verzichten, so wäre vielleicht die Natur gerettet, aber die Eigenwilligkeit wäre nicht beseitigt und der Mensch hätte seine Bestimmung, als Bewohner des Reiches des Geistes zu leben, nicht erfüllt. Daher ist der einzige Weg, der zur

Erfüllung des Ziels der Menschheit führt, der, vom Baum der Erkenntnis des Geistes zu essen, was die Preisgabe der Eigenwilligkeit, auch der Eigenwilligkeit des Verstandes, bedeutet.

Das Essen vom Baum der Erkenntnis des Geistes führt zunächst dazu, daß sich die Menschen ihrer »Blöße« bewußt werden, d.h., daß sie bemerken, wie sehr sie des Geistes ermangeln.

Das Essen vom Baum der Erkenntnis des Guten und Bösen führt dazu, daß sich die Menschen ihrer selbst, unter anderem der Tatsache der zwei Geschlechter bewußt werden und daß sie nun auch den Zeugungsakt im Sinne der Eigenwilligkeit ausführen – nämlich nur ihrem Interesse an der Lust gemäß, wodurch sie noch tiefer in die Welt der Eigenwilligkeit verstrickt werden.

Aber in beiden Fällen, beim Essen von beiden Bäumen der Erkenntnis, ist die fraglose Einheit mit der Welt des Jaldabaoth zerstört. Durch Bewußtwerdung, Erkenntnis, ist das Paradies der Unverantwortlichkeit in Unbewußtheit verloren.

Je nach Bewußtseinszustand des Menschen wird nun auch das Zusammenleben der Geschlechter geordnet. Haben sie vom Baum der Schlange, der Erkenntnis des Guten und Bösen gegessen, so wird dieses Verhältnis durch Eigenwilligkeit bestimmt sein: jeder Teil wird versuchen, Herr über den anderen zu sein, oder es wird, falls das nicht gelingt, zu einer stets labilen verträglichen Situation der Gleichberechtigung in Spannung kommen.

Haben sie aber vom Baum der Erkenntnis des Geistes gegessen, so werden sie erkennen, daß eine Lichtkraft des Geistes in ihnen und in jeweils dem anderen Partner vorhanden ist, die sich entfaltet, je mehr die Eigenwilligkeit schweigt. Jeder von ihnen wird bestrebt sein, wieder Verbindung mit der Lichtkraft im eigenen Wesen aufzunehmen, bis diese wieder wirksam geworden ist. Die auf diese Weise autark werdenden Menschen werden harmonisch in selbstverständlicher Gleichberechtigung des Mannes und der Frau zusammenarbeiten können, denn ihre Eigenschaften ergänzen einander und wirken nicht in Eigenwilligkeit, sondern nach den ihnen beiden gemeinsamen Gesetzen der Welt des Geistes.

Aus einem solchen Zusammenwirken geht Seth hervor, der dritte Sohn Adams und Evas, in dem Geist und Seele wieder harmonisch aufeinander abgestimmt sind und der daher einen unsterblichen Körper aufbauen kann – Typus für den mit dem Geist in Einklang lebenden Menschen. Kain und Abel dagegen sind Prinzipien in der Welt des Jaldabaoth, die aus der Eigenwilligkeit und der animalischen Lebenskraft hervorgegangen sind und daher nichts von der Kraft des Geistes in sich enthalten. Sie sind willfährige Diener des Jaldabaoth.

Der dritte Akt der Menschheitsgeschichte beginnt nach der Vertreibung aus dem Paradies. Nun hat der Mensch, der vom Baum der Erkenntnis des Guten und Bösen gegessen hat, einen Verstand, der sich immer mehr von der Natur und ihren Gesetzen emanzipiert, der aber in Eigenwilligkeit arbeitet und das kurzfristige Interesse des Menschen über die ganzheitlichen Bedürfnisse der Natur stellt. Er beutet diese aus, indem er sie seinen

Zwecken unterwirft und ihr seine Maßstäbe von Gut und Böse aufdrängt. Gut ist, was ihm nützt, böse, was ihm schadet.

Dadurch kommt es zu Konflikten mit anderen Menschen und mit der Natur, die anderen Menschen und die Natur schlagen entsprechend ihrer Verletzung zurück: das Gesetz der Vergeltung entsteht, das Schicksal. Alles, was in der Welt der Eigenwilligkeit an eigenwilligem Guten oder Bösen verursacht wurde, wird über kurz oder lang die angenehmen oder unangenehmen Folgen für den Verursacher aufrufen.

Und je größer und zahlreicher die Abweichungen von der natürlichen Harmonie der Welt des Jaldabaoth sind, desto drohender werden sich die Folgen wie Wolken am Himmel abzeichnen. Periodisch ergießen sich diese Wolken, das angehäufte Schicksal sucht die Menschen heim, die Sintflut überzieht die Erde. Und die Menschen, die ein Übermaß an Schicksal aufgehäuft haben, »ertrinken« im Übermaß der Lasten und Katastrophen, die die Natur als Vergeltung über die Innenwelt des Menschen in Form von psychischen Krankheiten, über die Außenwelt in Form von gesellschaftlichen Umwälzungen oder Verödung und Versandung der Erde bringt.

Unausweichlich sind diese Folgen für alle, die vom Baum der Erkenntnis des Guten und Bösen, dem Baum des eigenwilligen Verstandes, gegessen haben. Doch gibt es auch Menschen, Noah ist ihr Typus, die vom Baum der Erkenntnis des Geistes essen und dadurch Kräfte des Geistes in sich aufnehmen, in denen sie sicher über die Fluten der inneren und äußeren Katastrophen hinwegfahren können, um so der Vergeltung des Jaldabaoth zu entkommen. Die Lichtkraft der Sophia, der sie sich hingegeben haben, hat sie gerettet.

Im vierten Akt inkarnieren sich Wesen aus der Welt des Jaldabaoth, die nicht menschlich sind, »Engel« des Jaldabaoth, in menschlichen Gestalten, und bringen den Geist des Widerspruchs, die Eigenwilligkeit, noch einmal in besonderer Intensität zu den Menschen. Es entstehen dadurch Menschen, die an alles andere denken als an ihre eigentliche Bestimmung, nämlich ein Leben im Reich und nach den Gesetzen des Geistes. Sie sind dem Vergnügen, den Reizen natürlich und künstlich erzeugter Schätze, dem Konsum immer wechselnder Güter verfallen. Und sie wären verloren, wenn nicht wieder auch die Sophia tätig würde und den Erlöser riefe, der der Lichtkraft im Menschen zu Hilfe kommt.

Der letzte und fünfte Akt zeigt, wie der Erlöser kommt und die Lichtkräfte in der Menschheit stärkt. In der Menschheit haben sich inzwischen vier Typen gebildet, entsprechend den vier Typen der Menschheit in der geistigen Welt: Projektionen des Adam, des ursprünglichen Menschen; Projektionen des Seth, seines Sohnes; Projektionen der Söhne Seths; und Projektionen eines Geschlechtes, dessen Verbindung zum Geist nicht ganz entschieden ist, sondern erst nach einigem Zögern fest wird.

Zu allen vier Typen kommt der Erlöser, um ihre Lichtkraft, ihr Erkenntnisvermögen, zu entflammen. Das heißt, das in der Persönlichkeit eines jeden Menschen schlummernde Vermögen, Erkenntnis in der Welt des Geistes zu gewinnen, wird von der Welt des Geistes her stimuliert und nun muß sich endgültig herausstellen, ob der Mensch sich wieder in die Welt des Geistes hineinziehen und von ihr ausrichten läßt oder ob er sich weiter an die Welt des Jaldabaoth klammern will.

Aber die letztere Möglichkeit wäre keine wirkliche Lösung für ihn. Denn wenn sich die Lichtkraft im fünften Akt dem Reich des Jaldabaoth bis in seine tiefsten Schichten, bis in den grobmateriellen Körper hinein, genähert hat, ist eine Auflösung der Eigenwilligkeit – von ihren Erscheinungsformen her – unausweichlich. Wenn die Sophia, die Geistseele, wieder mit ihrem Erlöser, dem Geist, verbunden ist und sie zusammenwirken, bilden sie sich ein neues körperliches Ausdrucksorgan, während das durch die Kräfte der Eigenwilligkeit aufgebaute Ausdrucksorgan nicht für die geistigen Impulse tauglich ist und aufgelöst wird.

Damit ist das Ziel der Menschheitsgeschichte in der Natur des Jaldabaoth, das von Anfang an diese Geschichte bestimmt hat, erfüllt: der Fehler der Sophia, die Eigenwilligkeit, ist samt seinen Folgen beseitigt. Die ursprüngliche Menschheit projiziert sich nun mittels einer auf den Geist abgestimmten Seele rein in einem unsterblichen Körper und in einer natürlichen Umgebung, die rein der Welt des Christus entspricht. Die Schöpfung der Sophia, der Weltseele, ist jetzt auf die Gesetze und Kräfte des Geistes, ohne jede Eigenwilligkeit, abgestimmt.

Warum ist jeder »verflucht«, der diese »geheimen« Erfahrungen des Johannes gegen Geld und Gut weitergibt? Weil er dadurch seine Offenheit für den Geist, durch die ihm seine Erfahrungen zuteil geworden sind, in Eigenwilligkeit – die Suche nach seinem Vorteil – wieder verschließt. Er schließt sich damit selbst von den Kräften der Erlösung ab und verstrickt sich noch tiefer in den Fluch der Welt der Eigenwilligkeit.

Wer die geheimen Erfahrungen jedoch in Lauterkeit weitergibt und zwar denen, die dafür in Frage kommen — die sie nicht in Eigenwilligkeit für Geld und Gut begehren —, der öffnet andere und sich selbst weiter für die Wirksamkeit des Geistes und das eigentliche Ziel der Menschheit.

Das Geheime Buch des Johannes – Text

Es geschah aber an einem dieser Tage, als ich, Johannes, Bruder des Jakobus (das sind die Söhne des Zebedäus) zum Tempel ging, daß ein Pharisäer namens Arimanias auf mich zutrat und zu mir sagte: »Wo ist dein Meister, in dessen Gefolge du warst?«

Johannes sagte zu ihm: »Von wo er gekommen ist, dahin ist er wieder zurückgegangen.«

Da sprach der Pharisäer zu mir: »Durch Betrug hat euch dieser Nazarener irregeführt. Er hat eure Herzen verschlossen und euch von der Lehre eurer Väter abgezogen.«

Als ich das hörte, wandte ich mich von dem Heiligtum ab und begab mich zu einem einsamen Platz auf dem Berg. Mit großer Traurigkeit in meinem Herzen dachte ich: »Weshalb denn wurde der Erlöser erwählt? Weshalb wurde er von seinem Vater in die Welt gesandt? Und wer ist sein Vater? Und welcher Art ist der Äon, zu dem wir gehen müssen? Er hat uns zwar gesagt, daß dieser Äon die Gestalt des unvergänglichen Äons angenommen hat, aber er hat uns nicht darüber aufgeklärt, von welcher Art dieser Äon sein würde.

In dem Augenblick, da ich so dachte, öffneten sich die Himmel, die ganze Schöpfung strahlte in einem unirdischen Licht und die Welt bebte. Ich fürchtete mich sehr und warf mich nieder. Und siehe, in dem Licht erschien mir ein Kind. Während ich es anblickte, verwandelte es sich in einen Greis und darauf in einen Diener. Es war eine Einheit im Licht mit verschiedenen Gestalten. Ich sah es, verstand dieses Wunder aber nicht. Wenn es eine Einheit im Licht ist, warum zeigt sie sich dann in drei Gestalten durcheinander? Und wenn es eine Gestalt ist, wieso hat sie dann drei verschiedene Erscheinungsformen?«

Er aber sprach zu mir: »Johannes, warum zweifelst du, wenn ich zu dir komme? Denn das ist dir doch nicht fremd? Sei also nicht kleinmütig, denn ich bin es, der zu allen Zeiten bei dir ist. Ich bin der Vater, ich bin die Mutter, ich bin der Sohn, ich bin der ewig Seiende, der Unvermischbare, da es niemanden gibt, der sich mit mir vermischen könnte. Ich bin nun gekommen, um dir zu offenbaren, was ist, was war und was geschehen wird, damit du sowohl das Sichtbare als auch das Unsichtbare erkennst und um dich über den vollkommenen Menschen zu unterrichten. Hebe jetzt dein Angesicht zu mir empor, komm, höre und verstehe, was ich dir heute sagen werde, damit du es deinen Geistverwandten verkündest, denen, die aus dem Geschlecht stammen, das nicht wankt, dem Geschlecht der vollkommenen Menschen, die denken können.«

Weiter sprach er zu mir: »Niemand herrscht über den Geist, da er die Alleinherrschaft besitzt. Der wahre Gott, der Vater des Alls, der heilige Atem, der Unsichtbare, der das All mit seiner Unvergänglichkeit umfaßt, ist im reinen Licht, in das kein Auge zu blicken vermag. Man darf sich den Geist nicht als einen Gott vorstellen, der eine bestimmte Art besitzt, denn er ist weitaus vortrefflicher als Götter. Er ist ein Prinzip, über das niemand herrscht, da niemand vor ihm war. Er hat niemanden nötig. Er braucht niemanden, denn er ist ewig. Er bedarf nichts, denn er ist nicht zu vollenden, da er nicht nötig hat, vollendet zu werden, denn er ist doch für ewig die Vollendung selbst. Licht ist er. Unbegrenzbar ist er, weil es niemanden gibt, der ihn begrenzen kann. Er ist nicht zu beurteilen, weil es niemanden gibt, der ihn beurteilen könnte. Er ist unermeßlich, weil es niemanden gibt, der ihn messen könnte. Unsichtbar ist er, denn niemand hat ihn je gesehen. Er ist der Ewige, über den man nicht sprechen kann. Er ist der Unbeschreibliche, den niemand erfassen kann, um ihn zu beschreiben. Er ist der Unnennbare, weil niemand vor ihm gewesen ist, um ihm einen Namen zu geben. Er ist das unermeßliche Licht, die heilige, lautere Reinheit, der Unbeschreibliche, der Vollkommene, der Unvergängliche.

Dennoch ist er keine Erfüllung, er ist keine Seligkeit. Er ist keine Göttlichkeit, sondern weitaus vortrefflicher als das. Auch ist er nicht unendlich oder unbegrenzt, sondern weitaus vortrefflicher als das. Er ist nicht körperlich, aber auch nicht körperlos, nicht groß und nicht klein. Er besitzt keine meßbare Größe. Kein Wesen und niemand kann ihn denken.

Er ist also wirklich nichts, was besteht, sondern er ist weitaus vortrefflicher als das. Er ist nicht Teil eines Äons, nicht deshalb, weil er nicht vortrefflicher wäre, sondern weil er vollkommen auf sich selbst gestellt ist. Die Zeit gehört nicht zu ihm, weil sie von anderen geschaffen wurde. Ihm wurde keine Zeit zugemessen, weil es niemanden gibt, der ihm etwas zumessen könnte. Er hat auch kein einziges Bedürfnis: Es besteht einfach für ihn nichts. Nur der wird das lautere Licht verstehen, der ausschließlich nach dem eigenen Selbst verlangt, als Erfüllung des Lichtes. Er ist

> der unermeßlich Große;
> der Ewige, der Schenker der Ewigkeit;
> das Licht, der Schenker des Lichtes;
> das Leben, der Schenker des Lebens;
> der Glückselige, der Schenker der Glückseligkeit;
> die Gnosis, der Schenker der Gnosis;
> der Gute, der Schenker der Güte,
> nicht weil er besitzt,
> sondern weil er gibt;
> das Erbarmen, das sich erbarmt;
> die Gnade, die gnädig ist;
> das unermeßliche Licht.«

Er sagte weiter: »Was soll ich dir über Ihn sagen, über den Unbegreiflichen? Zum Beispiel, wie das Licht aussieht? Angenommen, ich könnte etwas davon verstehen – und wer könnte ihn je verstehen – und daß ich mit dir ganz einfach darüber sprechen könnte?

Sein Äon ist unvergänglich. Er ist in der Ruhe. Er ruht in Schweigen. Er besteht im All. Er könnte das Haupt aller Äonen sein, wenn er denn etwas sein müßte. Niemand von uns weiß, was bei dem Unermeßlichen ist, außer dem, der in ihm gewohnt hat. So etwas kann nur der mitteilen, der sich selbst in seinem eigenen Licht erkennt, das ihn umgibt und der Quell des lebenden Wassers ist – das Licht in vollkommener Reinheit. Denn aus dem Quell des Geistes steigt das lebende Wasser des Lichtes empor.

Er hat jeden Äon bis in alle Einzelheiten mit einer Welt geschmückt. Er kennt sein eigenes Bild, wenn er es in dem reinen Lichtwasser sieht, das ihn umgibt. Sein Gedanke wurde wirksam und offenbarte sich. Er trat aus der Strahlung des Lichtes vor ihn.

> Er ist die Kraft des Alls, die sich beweist.
> Er gibt dem All die vollkommene Führung.
> Er ist das Licht.
> Er ist das Ebenbild des Lichtes.
> Er ist das Abbild des Unsichtbaren.
> Er ist die vollendete Kraft.
> Er ist die Barbelo.
> Er ist der vollkommene Äon der Herrlichkeit.
> Er preist ihn, weil er aus ihm geworden ist,
> und er erkennt ihn.
> Er ist sein erster Gedanke.
> Er ist sein Abbild.
> Er wurde zu einem ersten Menschen.
> Er ist der jungfräuliche Geist.
> Er ist der dreifach Männliche,
> der dreifach Mächtige mit den drei Namen,
> mit den drei erweckenden Kräften.
> Er ist der Äon, der nicht älter wird.
> Er ist der Männlich-Weibliche,
> der aus seiner Fügung entsproß.

Die Barbelo bat ihn, ihr eine erste Einsicht zu geben. Er gewährte es. Als er es gewährt hatte, erschien die erste Einsicht. Sie stellte sich zu dem Gedanken, welcher der Vorsehung vorausgeht und pries den unsichtbaren Geist und seine vollkommene Macht, aus der sie entstanden war.

Wiederum bat die Barbelo ihn, ihr Unvergänglichkeit

zu schenken. Er gewährte es. Als er es gewährt hatte, erschien die Unvergänglichkeit. Da stand sie mit dem Gedanken und der ersten Einsicht, und sie pries den unsichtbaren Geist, aus dem sie entstanden war.

Nun bat sie ihn, ihr ewiges Leben zu schenken. Er gewährte es. Als er es gewährt hatte, erschien das ewige Leben. Und sie stand da mit dem Gedanken, mit der Einsicht und mit der Unvergänglichkeit, und sie pries den unsichtbaren Geist, aus dem sie entstanden war.

Das sind nun die Äonen des Vaters:
 der Gedanke;
 der erste Mensch, das Abbild des Unsichtbaren;
 die Barbelo;
 die Einsicht;
 die Unvergänglichkeit;
 das ewige Leben.
Diese fünf sind männlich-weiblich, also zehn Äonen.

Die Barbelo blickte eindringlich nach (dem Vater), dem reinen Licht. Sie wandte sich ihm zu und gebar einen glückseligen Lichtfunken. Dieser Neugeborene erschien vor dem Vater. Er war der göttliche Eingeborene, der erstgeborene Funke des Alls aus dem Geist des reinen Lichtes. Der unsichtbare Geist jubelte über den Lichtfunken, der entstanden und erschienen war aus seiner Kraft, durch seine Fügung, durch die Barbelo. Und er salbte ihn mit seiner Güte, wodurch er vollkommen fleckenlos und zum Christus wurde, denn die Salbung geschah mit der Güte des unsichtbaren Geistes.

Der göttliche Eingeborene stand vor ihm und pries den unsichtbaren Geist und seine vollkommene Fügung.

Und er bat ihn nur darum, ihm einen Verstand zu schenken. Er gewährte es. Als er es gewährt hatte, erschien der Verstand. Er stellte sich zu dem Verstand und pries den unsichtbaren Geist und die Barbelo, aus der er entstanden war. Das alles geschah jedoch in Schweigen und durch den Gedanken.

Nun wollte der Eingeborene den Verstand benutzen. Dadurch wurde er Autogenes, der sich selbst Erweckende. Er schritt dahin mit seinem Willen, mit dem Verstand und mit dem Licht, während er den unsichtbaren Geist und die Barbelo pries, aus der er entstanden war. Der Wille führte das Wort, denn durch das Wort schuf Autogenes, der sich selbst Erweckende, alle Dinge.

Der göttliche Autogenes stand da mit der Einsicht, dem Verstand, dem Willen und dem ewigen Leben. Er pries den unsichtbaren Geist und die Barbelo, denn durch sie war er entstanden. Und er wurde zum Mitarbeiter des unsichtbaren Geistes, der ihn mit großer Ehre ehrte, denn er war aus seinem ersten Gedanken geworden. Darum hat er Autogenes als einen Gott über das All gestellt. Er schenkte ihm alle Macht und die Verfügung über seine eigene Wahrheit, damit er das All verstehen konnte – er, dessen Name nur jenen gesagt wird, die seiner würdig sind.

Der unsichtbare Geist ließ aus dem Licht des göttlichen, sich selbst Erweckenden vier große Lichter erscheinen als Hilfe für ihn und die drei anderen: den Gedanken, den Willen und das Leben. Die vier großen Lichter sind: das Verständnis, die Gnade, die Wahrnehmung, die Besonnenheit.

Die Gnade gehört zum ersten Licht, zu Armozel, dem Engel des Lichtes im ersten Äon, der dreifach ist:

1. Gnade,
2. Wahrheit,
3. Gestalt.

Das zweite Licht ist Oroiel, der Engel des Lichtes im zweiten Äon, der dreifach ist:

1. Einsicht,
2. Wahrnehmung,
3. Erinnerung.

Das dritte Licht ist Daveithei, der Engel des Lichtes im dritten Äon, der dreifach ist:

1. Verständnis,
2. Liebe,
3. Idee.

Das vierte Licht ist Eleleth, der Engel des Lichtes im vierten Äon, der dreifach ist:

1. Vollkommenheit,
2. Friede,
3. Weisheit (Sophia).

Das sind die vier Lichter, die dem göttlichen, sich selbst Erweckenden zur Seite stehen. Es sind die zwölf Äonen, die dem Sohn, dem großen sich selbst erweckenden Christus, auf Beschluß des unsichtbaren Geistes helfen. Die zwölf Äonen gehören zum Sohn, dem Eingeborenen.

Dann wurden alle Dinge durch Autogenes mit dem Willen des Heiligen Geistes gegründet. So entstand der vollkommene, wahre Mensch, die erste Erscheinung aus der ersten Einsicht, aus dem vollkommenen Verstand, aus Gott, und zwar auf Beschluß des unsichtbaren Geistes und des Autogenes. Er nannte ihn Adamas und setzte ihn über den ersten Äon in das Licht zu Armozel als einen Helfer des großen göttlichen Autogenes, des Christus. Der unsichtbare Geist gab Adamas eine unüberwindliche geistige Kraft. Und Adamas sprach: ›Ich ehre und preise Dich, unsichtbarer Geist. Denn durch Dich sind alle Dinge entstanden, und alle Dinge wenden sich Dir wieder zu. Ich preise Dich, Vater, Mutter und Sohn, vollkommene Kraft.‹

Der Unsichtbare Geist setzte Seth, den Sohn Adamas', über das zweite Licht zu Oroiel. Über den dritten Äon wurde die Nachkommenschaft des Seth gesetzt. Das sind die Seelen der Heiligen, die sich im dritten Licht bei Daveithei befinden. In den vierten Äon jedoch wurden die Seelen derer gesetzt, die unwissend über die Fülle, das Pleroma, waren und sich nicht unverzüglich ihm zuwandten, sondern zögerten, sich ihm aber schließlich doch zuwandten. Sie werden beim vierten Licht, bei Eleleth bleiben, das sich mit ihnen verbunden hat, und sie werden den unsichtbaren Geist preisen.

Unsere Schwester, die Sophia, der zwölfte Äon, aber begann, aus sich selbst einen Gedanken zu entwickeln. Eingedenk des Geistes und der ersten Einsicht wollte sie ihr Ebenbild aus sich selbst hervorbringen, obwohl der Geist nicht zugestimmt hatte, da er nicht einverstanden war. Auch ihr Gefährte, der männliche, jungfräuliche Geist, hatte nicht zugestimmt. Als sie nun dazu überging, fand sie weder Unterstützung noch das Wohlgefallen des Geistes oder Gleichgestimmter.

Da sie ihr Denken nicht mehr unwirksam machen konnte, kam ihr Werk zum Vorschein: Es war unvollkommen und häßlich, weil sie es ohne ihren Gefährten erschaffen hatte. Es war dem Aussehen seiner Mutter ganz unähnlich und von anderer Gestalt. Als die Sophia es sah, hatte es eine Drachengestalt und ein Löwengesicht. Seine Augen aber waren wie leuchtende Feuerblitze. Da stieß sie es von sich fort, weg aus dem Ort, damit keiner der Unsterblichen es sähe. Sie hatte es nämlich in Unwissenheit erschaffen. Und sie umgab es mit einer Lichtwolke und stellte einen Thron in die Mitte der Wolke, damit keiner es sähe, außer dem Heiligen Geist, den man die Mutter der Lebenden nennt. Und sie gab ihm den Namen Jaldabaoth.

Er war der erste Archont. Er zog viel Kraft aus seiner Mutter und entfernte sich von ihr, weit weg von dem Ort, an dem er geboren worden war. Er nahm einen anderen Ort in Besitz und schuf sich einen feurig brennenden Äon, in dem er sich nun aufhält. Er verband sich mit der Unwissenheit, die jetzt in ihm ist.

Er rief Gewalten ins Dasein, die sich ihm als zwölf Engel gesellten. Jeder von ihnen hat seinen eigenen Äon nach dem Vorbild der unvergänglichen Äonen. Er versah jeden Engel mit drei Kräften, so daß alle, die nun unter ihm stehen, dreihundertundsechzig Engelklassen bilden.

Als die Gewalten aus der Mißgeburt, aus dem ersten Archonten der Finsternis, aus der Unwissenheit jener, die sie gebar, ins Dasein kamen, wurden sie wie folgt genannt: erstens Jaoth; zweitens Hermas, das feurig brennende Auge; drittens Galila; viertens Jobel; fünftens Adonaios; sechstens Sabaoth; siebtens Kainan und Kae, der Kain genannt wird, das ist die Sonne; achtens Abiressine; neuntens Jobel; zehntens Harmoupiael; elftens Adonin; zwölftens Belias.

Sie alle haben auch noch einen Namen der Begierde und des Zorns. Außerdem besitzen sie doppelte Namen, die ihnen von den Fürsten des Himmels — entsprechend der Natur eines jeden — gegeben wurden. Zu bestimmten Zeiten entfernen sie sich und werden schwächer, aber dann nehmen sie wieder an Kraft zu und werden heller. Jaldabaoth ordnete an, daß sieben von ihnen über das Firmament herrschen sollten und fünf über das Chaos der Unterwelt.

Dieses sind die Namen jener, die über die sieben Himmel herrschen: Der erste ist Jaoth, das Löwengesicht; der zweite ist Eloaios, das Eselsgesicht; der dritte ist Astaphaios, das Hyänengesicht; der vierte ist Jao, das Schlangengesicht mit den sieben Köpfen; der fünfte ist Adonaios, das Drachengesicht; der sechste ist Adoni, das Affengesicht; der siebte ist Sabbataios, das brennende Feuerflammengesicht. Das ist die Siebenheit der Woche. Diese sieben beherrschen die Welt.

Jaldabaoth oder Saklas, der Vielförmige, der nach Belieben jedes Gesicht zeigen konnte, teilte an alle etwas von dem Feuer seiner eigenen Kraft aus, aber von dem reinen Licht aus der Kraft seiner Mutter, der Sophia, gab er ihnen nichts. So konnte er sie beherrschen, weil die Kraft zum Herrschen, die in seinem Innersten ist, der

Kraft des Lichtes seiner Mutter entnommen ist. Darum ließ er sich Gott nennen, während er sich doch nur auf die Daseinsform stützte, aus der er entstanden war.

Die Gewalten verband er mit sieben Kräften, die entstanden, als er sprach. Er gab ihnen Namen und setzte sie als Mächte ein. Er begann damit von oben: Die erste ist die Vorsehung beim ersten, Jaoth; die zweite ist die Göttlichkeit beim zweiten, Eloaios; die dritte ist die Herrschaft beim dritten, Astaphaios; die vierte ist die Eifersucht beim vierten, Jao; die fünfte ist die Königschaft beim fünften, Sabaoth; die sechste ist das Verständnis beim sechsten, Adoni; die siebte ist die Weisheit beim siebten, Sabbataios. Sie haben jeder ein Firmament und einen Äon nach dem Vorbild der Äonen, die vom Anbeginn an in der Gestalt der Unvergänglichen bestehen.

Nun betrachtete er die Schöpfung, die ihm untertan war und die Menge der Engel unter ihm, die alle aus ihm entstanden waren, und sprach zu ihnen: ›Ich, ich bin ein eifersüchtiger Gott, es gibt keinen Gott außer mir.‹ Dadurch aber zeigte er den Engeln, daß ein anderer Gott existiert. Denn auf wen sollte er eifersüchtig sein, wenn kein anderer existierte?

Als die Mutter entdeckte, daß ihre Vollkommenheit sich allmählich verlor, weil ihr Gefährte nicht mit ihr übereinstimmte, und sie daher ihren Fehler erkannte, begann sie umherzuirren.«

Da sagte ich: »Herr, was bedeutet, ›umherirren‹?« Er aber lächelte und sprach: »Denke nicht, daß es so geschah, wie Moses gesagt hat, nämlich ›über den Wassern‹. Nein, so ist es nicht. Aber die Mutter sah die Bosheit und den Verrat ihres Sohnes und bereute. Und während sie in der Finsternis der Unwissenheit umherirrte, begann sie sich zu schämen, aber sie wagte nicht zurückzukehren. Sie ging hin und her, und das ist das Umherirren.

Da der Unverschämte nur eine Kraft von der Mutter empfangen hatte, kannte er keine der vielen Kräfte, welche die Kraft der Mutter übertreffen. Er meinte, daß die Kraft seiner Mutter die einzige ist, die existiert. Wenn er die zahlreiche Engelschar überblickte, die er geschaffen hatte, fühlte er sich sehr erhaben.

Als die Mutter jedoch erkannte, daß die Mißgeburt der Finsternis nicht vollkommen war, weil sie nicht übereinstimmend mit ihrem Gefährten gehandelt hatte, bereute sie tief und weinte sehr.

Ihre Brüder hörten ihr Gebet der Reue und flehten für sie. Der heilige, unsichtbare Geist erhörte es. Nachdem er seine Zustimmung gegeben hatte, goß er seinen Geist aus dem Pleroma über sie aus, und ihr Gefährte kam herab, um ihr zu helfen, den Fehler zu bereinigen. Sie wurde jedoch nicht zu ihrem eigenen Äon zurückgeführt. Sondern wegen der besonders großen Unwissenheit, die sie bewiesen hatte, verblieb sie im neunten Äon, bis ihre Unzulänglichkeit behoben sein würde.

Und eine Stimme kam zu ihr: ›Der Mensch existiert — und auch der Sohn des Menschen.‹ Das hörte der erste Archont, Jaldabaoth, aber er wußte nicht, woher die Stimme kam.

Der Glückselige offenbarte seine Gestalt. Und die

ganze Schar der Archonten und Gewalten erbebte. Sie sahen die äußerliche Gestalt, widergespiegelt im Wasser, und sie sagten zueinander: ›Laßt uns einen Menschen schaffen nach dem Bild und Gleichnis Gottes.‹ Sie schufen ihn miteinander aus allen ihren Kräften. Sie formten ein Machwerk aus sich selbst. So wurde die Seele aus ihren Kräften erschaffen nach dem Bild, das sie gesehen hatten. Es war also eine Nachahmung dessen, der vom Anbeginn an war, des vollkommenen Menschen. Und sie sprachen: ›Wir nennen ihn Adam, damit der Name dieses Wesens und seine Kraft uns zu einem Licht werde.‹

Und sie begannen mit ihrer Schöpfung von unten her: Der erste, Göttlichkeit, schuf psychische Knochen; der zweite, Herrschaft, schuf psychische Muskeln; der dritte, Eifersucht, schuf psychisches Fleisch; der vierte, Vorsehung, schuf psychisches Mark, die Basis des gesamten Körpers; der fünfte, Königschaft, schuf psychisches Blut; der sechste, Verständnis, schuf psychische Haut; der siebte, Weisheit, schuf psychisches Haar. So bereiteten sie den ganzen Körper, und ihre Engel halfen ihnen. Diese bildeten aus der Seelensubstanz, die von den Gewalten vorbereitet war, harmonisch zusammengesetzte Glieder. Der ganze, so zusammengefügte Körper wurde von den Engeln geschaffen, die ich soeben genannt habe.

Der Körper blieb lange unbeweglich liegen. Die sieben Gewalten waren nicht fähig, ihn aufzurichten, auch nicht die dreihundertundsechzig Engel, welche die Glieder zusammenfügten.

Nun wollte die Mutter die Kraft wirksam werden lassen,

die sie dem ersten Archonten geschenkt hatte. Demütig ging sie zum vollkommenen Vater und flehte ihn an, dessen Erbarmen groß ist, den Gott des Lichtes. Nach seinem heiligen Ratschluß sandte er den Autogenes mit seinen vier Lichtern in der Gestalt der Engel des ersten Äons. Sie rieten Jaldabaoth, die Kraft der Mutter zum Vorschein zu bringen. Sie sprachen zu ihm: ›Blase etwas vom Geist, der in dir ist, in sein Angesicht, und sein Körper wird sich erheben.‹ Und Jaldabaoth blies etwas von seinem Geist – das ist die Kraft der Mutter – in den Körper, der sich augenblicklich bewegte.

Da wurden die Gewalten eifersüchtig, denn er war doch aus ihnen entstanden. Sie hatten dem Menschen ihre Kräfte gegeben. Er trug die Seelen und die Kräfte aller sieben Gewalten in sich. Seine Weisheit wurde jedoch größer als ihre und die des erstens Äons. Sie bemerkten auch, daß er frei von Bosheit, verständiger als sie und im Licht war. Daher nahmen sie ihn und führten ihn nach unten, in die untersten Sphären der Materie.

Aber der glückselige Vater ist ein barmherziger Wohltäter. Er erbarmte sich der Kraft der Mutter, die Jaldabaoth für den Körper benutzt hatte, damit die Mutter Macht über den Körper erhalten sollte. Er sandte seinen wohltätigen und barmherzigen Geist – das ist die Epinoia des Lichtes, die Zoe – zur Hilfe für den aus, der Adam genannt wurde, der Erste, der bis auf den Grund der Materie gebracht worden war. Diese Helferin wirkt für die ganze Schöpfung, wobei sie sich besonders für den Menschen einsetzt und ihn in seinen eigenen Tempel führt. Sie klärt ihn vollkommen auf über die Ursache seines Falles und zeigt ihm die Möglichkeit seiner Erhebung.

Die Epinoia wurde jedoch in seinem Innersten verborgen, damit Jaldabaoth und seine Gewalten sie nicht entdecken konnten, sondern nur unsere Schwester Sophia, denn ihr Fehler kann ausschließlich durch die Epinoia des Lichtes berichtigt werden.

Durch den Anteil des Lichtes in ihm begann der Mensch zu strahlen. Sein Denken erhob sich höher als das aller, die ihn geschaffen hatten. Und als sie zu ihm aufblickten, sahen sie, daß der Mensch sich höher erhoben hatte als sie. Jaldabaoth faßte mit der gesamten Engelschar, den Gewalten und all ihren Kräften einen Entschluß: Sie mischten das Feuer mit der Erde und das Wasser mit der Luft. Diese verbanden sich mit den vier Winden, die feurig wehten. Alles haftete aneinander und wurde ein großes Gemisch.

Sie brachten ihn (Adam) in den Schatten des Todes. Dort stellten sie noch einmal eine Mischung her, und zwar aus der Erde, dem Wasser, dem Feuer und der Luft, also aus der Materie, der Finsternis, der Begierde und dem Geist der Auflehnung. Das wurde die Gefängniskleidung, das Grabgewand für die Schöpfung des Körpers, das dem Menschen als eine Fessel angelegt wurde, so daß er an die Materie gefesselt war. Er ist der erste, der gefallen ist und es ist seine erste Abtrennung. Aber die Erinnerung an das Licht wohnt in ihm und hält sein Denken wach.

Dann brachte Jaldabaoth ihn in das Paradies und sagte, daß es ein Genuß für ihn sein würde, was bedeutete, daß er ihn betrog. Denn ihr Genuß (nämlich der Genuß der Archonten) ist bitter, ihre Schönheit ist Gesetzlosigkeit, ihr Glück ist Betrug und Wahn, ihr Baum ist

Gottlosigkeit und der Feind der Seele. Seine Frucht ist ein tödliches Gift, und seine Verheißung ist der Tod.

Ihren Baum hielten sie für den Baum des Lebens, und das Geheimnis des Lebens sollte sich darin offenbaren. In Wirklichkeit war es jedoch der Geist der Auflehnung, aus dem dieser Baum entsprossen war, damit Adam irregeführt werden und seine Vollkommenheit nicht erkennen konnte. Die Wurzeln dieses Baumes sind bitter, seine Zweige sind Schatten des Todes, seine Blätter Haß und Betrug, sein Harz ist eine Salbe der Schlechtigkeit, seine Frucht die tödliche Begierde, seine Saat keimt in der Finsternis. Für sie, die von seinen Früchten kosten, wird die Unterwelt zum Aufenthaltsort.

Der andere Baum jedoch, der von ihnen 'der Baum der Erkenntnis des Guten und Bösen' genannt wird, entsproß aus der Epinoia des Lichtes. Adam wurde verboten, von diesem Baum zu essen. Das bedeutet, daß er nicht auf die Epinoia hören sollte, weil das Verbot des Jaldabaoth sich dann gegen ihn wenden würde. Adam sollte also nicht emporblicken zu seiner Vollkommenheit und seinen Mangel an Vollkommenheit nicht erkennen. Aber ich habe ihn dazu gebracht, doch von dem Baum zu essen.«

Ich sagte zu ihm: »Herr, war es denn nicht die Schlange, die sie (Eva) unterrichtete?« Er lächelte und sprach: »Die Schlange wollte sie zum Verderben und zur Besudelung nur die Begierde der Fortpflanzung lehren. Das würde ihm (Jaldabaoth) nützen, der erkannte, daß er (Adam) nicht auf ihn hören würde. Da Adam verständiger war als er, ließ er eine Kraft aus sich hervorgehen und goß so die Vergessenheit über Adam aus.«

Da sprach ich zu ihm: »Herr, was ist Vergessenheit?« Er lächelte und sagte: »Meinst du das, was Moses sagte: ›Der Herr ließ ihn einschlafen?‹ Nein, so ist es nicht. Aber er umhüllte Adams Erkenntnisvermögen mit einem Schleier, wodurch er erkenntnisunfähig wurde. Das ist Vergessenheit. Denn er sprach durch den Mund des Propheten: ›Ich will ihre Herzen beschweren, damit sie nicht verstehen und auch nicht sehen.‹[*]

Die Epinoia in Adams Innersten wurde dann auch ohnmächtig und verbarg sich. Aber Jaldabaoth beschloß, durch seinen Willen die Epinoia aus einer Rippe Adams erscheinen zu lassen. Die Epinoia jedoch, die unerreichbar war, obwohl die Finsternis sie verfolgte, ließ sich nicht ergreifen. Da beschloß er erneut, eine Kraft aus sich selbst hervorgehen zu lassen, nun aber in einer weiblichen Gestalt. Er ließ sie aus seiner Kraft entstehen und nicht, wie Moses gesagt hat: ›Er nahm eine Rippe und schuf ein Weib für Adam.‹

Da wurde Adam nüchtern von der Trunkenheit der Finsternis. Die Epinoia nahm den Schleier, der über seinem Geist lag, hinweg und unmittelbar erkannte er sein Mitgeschöpf und sagte: ›Das ist Bein von meinem Bein und Fleisch von meinem Fleisch.‹ Deshalb wird der Mensch Vater und Mutter verlassen und seinem Weibe anhangen, und sie werden beide ein Fleisch sein (Genesis 2:23). Denn der Gefährte der Mutter wird ausgesandt, und sie wird wiederhergestellt. Darum nannte Adam sie die ›Mutter der Lebenden‹.

Aufgrund ihrer Vollmacht und ihres Wissens unterrichtete Epinoia sie in der Gestalt eines Adlers in der

---

[*] Vergleiche Jesaja 6:10.

Erkenntnis mit Hilfe des Baumes. Sie lehrte sie, vom Baum der Erkenntnis zu essen, damit sie sich an ihre Vollkommenheit erinnerten, denn beide trugen das Kennzeichen der Unwissenheit. Als aber Jaldabaoth merkte, daß sie sich ihm entzogen, verfluchte er sie und fügte hinzu, daß der Mann über die Frau herrschen sollte. Doch er kannte das Geheimnis nicht, das dem heiligen Ratschluß zugrunde lag. Sie wagten jedoch nicht, ihn zu tadeln und durften seine Unwissenheit nicht demaskieren. Jaldabaoths Engel stießen sie aus dem Paradies und umhüllten sie mit dem dunklen Nebel des Todes.

Als Jaldabaoth die Jungfrau sah, die neben Adam stand, beschloß er, eine Kraft aus sich selbst hervorgehen zu lassen und veranlaßte, daß das Feuer der Sinne entbrannte. Dadurch konnte er den Urstoff in ihr entflammen und erweckte so Elohim und Jave. Elohim ist der Sohn mit dem Katzengesicht und Jave der Sohn mit dem Bärengesicht; Elohim, der Gerechte und Jave, der Ungerechte. Den Gerechten setzte er über das Feuer und die Luft, den Ungerechten über die Erde und das Wasser. Diese beiden heißen bei allen Völkern bis auf den heutigen Tag Kain und Abel.

Danach ließ der erste Archont die eheliche Gemeinschaft entstehen. Er pflanzte Adam den Fortpflanzungstrieb ein, der durch diese Gemeinschaft ein Bild des Geistes der Auflehnung hervorbringt. Die beiden Archonten – Elohim und Jave – setzte er über die vier Elemente, so daß sie über das Grab (der Epinoia) herrschen.

Adam wurde sich des Fortpflanzungstriebes bewußt und zeugte Seth. Und die Mutter Sophia folgte dem Vorbild des Geschlechtes, das im Himmel bei den Äonen ist und sandte ihren innereigenen Geist. Der Geist kam herab, um die Natur, die ihm gleich ist, nach dem Vorbild des Pleroma zu erwecken, damit sie aus dem Schlaf und der Dunkelheit des Grabes erwache. So bleibt der Geist bei ihnen in der Zeit. Er wirkt im Urstoff, damit der Geist aller heiligen Äonen bei seiner Ankunft das folgende Geschlecht ohne Mängel beim Zusammenstellen des neuen Äon gebrauchen kann, damit dieser heilig sei durch das Pleroma.«

Ich sagte jedoch: »Herr, werden alle Seelen durch das reine Licht Leben erhalten?«

Er sagte zu mir: »Du bist zur Anschauung großer Dinge gelangt, die anderen schwierig zu offenbaren sind, außer denen, die aus dem Geschlecht stammen, das nicht wankt. Auf sie wird der Geist des Lebens herabkommen, wenn sie sich mit der Kraft verbunden haben. Sie werden gerettet und vollkommen werden. Sie werden würdig befunden, um zur Reinheit des Lichtes aufzusteigen, da sie sich fähig erweisen, sich mit ihrer Hilfe von allen Übeln und den Verlockungen der Bosheit zu befreien. Dabei richten sie ihr Auge auf nichts anderes als auf die unvergängliche Gemeinschaft und denken allein nur daran ohne Zorn, Eifersucht, Furcht, Begierde oder Lust. Denn sie werden von all diesen Dingen nicht ergriffen, mit Ausnahme der Natur des Fleisches, der sie sich jedoch noch bedienen müssen, solange sie den Augenblick erwarten, in dem sie (die Körper) hinausgeführt und angenommen werden. Des unvergänglichen ewigen Lebens würdig werden sie dabei alles dulden und ertragen, um den Kampf zu vollenden und das ewige Leben zu ererben.«

Ich sagte: »Herr, wenn die Seelen, in welche die Kraft und der Geist des Lebens eingetreten sind, das alles nicht getan haben, was muß dann geschehen, damit sie doch noch gerettet werden?«

Er sagte zu mir: »Die Kraft lebt in allen Menschen, denn ohne sie könnten sie nicht bestehen. Aber erst wenn die Seele geboren ist, wird der Geist des Lebens zu ihr geführt. Jene, in die der Geist eingetreten ist, werden unter allen Umständen gerettet, und sie können aus der Finsternis fliehen. Wenn der starke, lebenschenkende Geist gekommen ist, wird die Kraft der Seele durch ihn verstärkt, und sie kann dann nicht mehr zur Bosheit abirren. Die Seelen jener jedoch, die den Geist der Auflehnung zulassen, werden von ihm verführt und gehen in die Irre.«

Ich sagte nun: »Herr, wohin gehen die Seelen jener, die das Fleisch verlassen?« Er lächelte und sprach: »Die Seele geht an einen Ort, an dem die Kraft ist, die den Geist der Auflehnung weit übertrifft. Die Seele ist dann stark und flieht vor den Werken der Bosheit. Durch die Fürsorge des Unvergänglichen wird sie gerettet und hinaufgeführt zur Ruhe der Äonen.«

Da sprach ich: »Herr, welcher Art sind die Seelen jener, bei denen der Geist des Lebens nicht eingetreten ist? Und wohin gehen sie?«

Er sagte zu mir: »Bei ihrem Fall wurden diese völlig überwuchert vom Geist der Auflehnung, der schwer auf ihnen lastet. Er zieht sie hinab zu den Werken der Finsternis und führt sie so in die Vergessenheit. Wenn die Seele ihr Kleid abgelegt hat, liefert er sie den Gewalten aus, die durch Jaldabaoth entstanden sind. Sie wird von ihnen erneut mit Fesseln gebunden und in die Irre geführt, bis sie aus ihrer Erkenntnisunfähigkeit erwacht, durch die erste Einsicht Erkenntnis erwirbt und schließlich vollkommen und erlöst wird.«

Ich sagte jedoch: »Herr, wie kann die Seele zusammenschrumpfen und wieder in das Wesen der Mutter oder des Mannes eingehen?« Er freute sich über meine Frage und sagte: »Du bist wahrhaftig selig, denn du hast es verstanden. Die Seele wird darum einem anderen, in dem der Geist des Lebens ist, gegeben, um ihm zu folgen. Indem sie auf ihn hört, wird sie gerettet und braucht nie mehr ein Fleischkleid anzuziehen.«

Ich sagte zu ihm: »Herr, wohin gehen die Seelen jener, in die der Geist zwar eingetreten ist, die sich aber wieder abwandten?« Er sagte zu mir: »Sie gehen dorthin, wohin die Engel des Mangels sich zurückziehen, die keine Reue kannten. Dort werden sie bewahrt bis zu dem Tag, an dem sie gestraft werden sollen. Alle, die dem Heiligen Geist widerstehen, werden durch ewige Strafen gepeinigt.«

Ich sagte nun: »Herr, wodurch entstand der Geist der Auflehnung?« Da sagte er zu mir: »Nachdem die Epinoia – dieser Geist des Erbarmens – durch ihre große Anstrengung für das Geschlecht, das nicht wankt, die Denkkraft aus dem Urstoff erweckt hatte, bemerkte der erste Archont, daß der Mensch ihn an Weisheit weit übertraf. Er wollte sich der Denkkraft bemächtigen, aber in seiner Unwissenheit erkannte er nicht, daß der Mensch intelligenter ist als er selbst.

Zusammen mit seinen Gewalten, mit denen er aus ihrer Eifersucht den Geist der Auflehnung ins Dasein brachte, beschloß er, das Gewand der Begrenzung zu schaffen. Damit wurden die Herren des Firmamentes, die Engel, die Götter und jene, die noch nicht vom Baum der Erkenntnis des Guten und Bösen gegessen hatten sowie alle Menschen gefesselt, nämlich mit Maßen und Perioden und mit der Zeit. So blieben alle in ihrer Macht gefangen und sie konnten über sie herrschen. Das war fürwahr ein finsterer, sehr widernatürlicher Plan.

Der erste Archont bereute alles, was durch ihn entstanden war. Daher beschloß er, eine Flut über die gesamte menschliche Schöpfung zu bringen. Aber die Helferin der Vorsehung – das ist die Epinoia des Lichtes – warnte Noah. Er verkündete es den Menschen, aber sie glaubten ihm nicht. Es war jedoch nicht so, wie Moses sagte: ›Noah ging in die Arche‹, sondern er verbarg sich an einem Ort. Nicht nur Noah, auch noch andere aus dem Geschlecht, das nicht wankt. Sie verbargen sich an einem Ort und umhüllten sich mit einer Lichtwolke. Noah und alle, die zusammen mit ihm im Licht waren, erkannten ihre Herrlichkeit. Aber die Finsternis überdeckte alle Dinge auf Erden.

Jaldabaoth beriet sich erneut mit seinen Gewalten, und sie sandten ihre Engel zu den Töchtern der Menschen, die mit ihnen Nachkommen zur Befriedigung ihrer eigenen Herrschsucht zeugen sollten. Aber der Plan mißglückte.

Da erinnerten sie sich an das Vorbild des Autogenes, dessen vier Lichter in der Gestalt der vier Engel des

Jaldabaoth erschienen waren. Und sie beschlossen, den Geist der Auflehnung zu nutzen. Die Engel gingen in männlicher Gestalt zu den Töchtern der Menschheit. Dadurch wurden diese vom Geist der Finsternis umfangen, der aus der Bosheit entsteht. Sie brachten ihnen Geschenke, Gold und Silber, Kupfer und Eisen. Dadurch führten sie die Menschen in Versuchung, so daß sie nicht mehr an ihre unerschütterliche Vorsehung dachten. Sie nahmen sie (die Frauen) und zeugten Kinder aus der Finsternis, und zwar durch den Geist der Auflehnung. Er verschloß und verhärtete ihre Herzen durch die Härte des Geistes der Auflehnung bis auf den heutigen Tag.

Der Gepriesene aber, der Vater-Mutter, der reich ist an Erbarmen, nahm Wohnung in der Nachkommenschaft. Ich war zuerst im vollkommenen Äon, aber nun schritt die Mutter vor mich hin, denn das ist es, was sie in der Welt tut: Sie richtet die Nachkommenschaft der Mißgeburt wieder auf – durch ihre Kraft.

Ich sage dir dieses, damit du es aufschreibst, so daß du diese Mysterien an deine Geistverwandten weitergeben kannst. Denn diese Geheimnisse, die allein den Eingeweihten bekannt sind, gehören dem Geschlecht, das nicht wankt.

Nun will ich dich noch vor dem warnen, was geschehen wird: Man will diese Mysterien heimlich verschwinden lassen. Darum gab ich dir den Auftrag, sie aufzuschreiben und sicher zu verwahren.«

Dann sagte er zu mir: »Verflucht sei jeder, der diese Geheimnisse für ein Geschenk oder für Speise und Trank oder für Kleider oder irgend etwas anderes dieser Art preisgibt.«

Er gab ihm (Johannes) dieses Mysterium, und im gleichen Augenblick wurde er für ihn unsichtbar. Johannes aber ging zu seinen Mitjüngern und begann, ihnen die Worte zu verkünden, die ihm der Erlöser, Jesus Christus, gesagt hatte.

AMEN.

Hymne der Pronoia

Ich nun, die vollkommene Pronoia * des Alls,
veränderte mich selbst in meiner Saat.
Denn ich war bereits seit Urbeginn
und bin alle Wege im Raum gegangen.
Ich bin der Reichtum des Lichtes.
Ich bin die Erinnerung an das Pleroma.
Ich bin in das Reich der Finsternis gegangen
und habe es ausgehalten
bis ich das Zentrum des Gefängnisses erreichte.
Das Chaos erbebte in seinen Grundfesten,
aber ich verbarg mich vor ihnen wegen ihrer
und sie erkannten mich nicht.   [Schlechtigkeit,

Zum zweiten Mal trat ich hervor
aus den Räumen des Lichtes
– ich, die Erinnerung an die Pronoia –
und ging zum Zentrum der Finsternis,
bis in das Innerste der Unterwelt
und nahm meine Aufgabe auf mich.
Das Chaos erbebte in seinen Grundfesten,
als wollte es niederstürzen
auf jene, die sich im Chaos befanden,
und sie zugrunde richten.
Aber ich wandte mich noch einmal empor
zur Wurzel des Lichtes,
damit sie (die Menschen) nicht vorzeitig
zugrunde gerichtet würden.

* Vorsehung.

Zum dritten Mal ging ich
— ich, das Licht, das im Licht ist —
— ich, die Erinnerung an die Pronoia —
bis in das Zentrum der Finsternis
und bis in das Innerste der Unterwelt.
Aus meinen Augen strahlte das Licht
der Vollendung des Äons, des Unsterblichen,
und ich ging hinein mitten in ihr Gefängnis
— das Gefängnis des Körpers — und sprach:
»Wer hört, erhebe sich aus seinem tiefen Schlaf.«
Und er (der Mensch) weinte und vergoß bittere Tränen.
Er wischte sie von seinem Angesicht und sprach:
»Wer ist es, der mich bei meinem Namen nennt?
Und von wo kommt Hoffnung zu mir,
während ich in den Fesseln des Gefängnisses liege?«

Ich sprach: »Ich bin die Pronoia des reinen Lichtes.
Ich bin das Denken des jungfräulichen Geistes,
der dich erhebt zu dem verehrten Gebiet.
Mache dich bereit und denke nach.
Denn du hast mich gehört.
Folge deiner Wurzel — ich bin es, die Barmherzige —
und hüte dich vor den Engeln des Mangels,
vor den Dämonen des Chaos
und vor all denen, die sich an dich klammern.
Hüte dich vor dem tiefen Schlaf
und vor dem Innersten der Unterwelt,
das dich zerschmettert.«

Und ich habe ihn erweckt
und ihn in dem leuchtenden Wasser
mit fünf Siegeln versiegelt,
damit ihn von nun an der Tod
nicht mehr ergreifen kann.

AUSGABEN DER ROZEKRUIS PERS

WERKE VON CATHAROSE DE PETRI

Transfiguration
Das Siegel der Erneuerung
Sieben Stimmen sprechen
Das goldene Rosenkreutz
Der Dreibund des Lichtes
Briefe
Das lebende Wort

WERKE VON CATHAROSE DE PETRI UND J. VAN RIJCKENBORGH

Die Bruderschaft von Shamballa
Der universelle Pfad
Die große Umwälzung
Die universelle Gnosis
Das neue Zeichen
Die Apokalypse der neuen Zeit –
    Aquarius Erneuerungskonferenzen
1   Das Lichtkleid des neuen Menschen, Bilthoven – 1963
2   Die Weltbruderschaft des Rosenkreuzes, Calw – 1964
3   Die mächtigen Zeichen des göttlichen Ratschlusses,
    Bad Münder – 1965
4   Der befreiende Pfad des Rosenkreuzes, Basel – 1966
5   Der neue Merkurstab, Toulouse – 1967
Reveille!
    Weckruf zur fundamentalen Lebenserneuerung als Ausweg in
    einer aussichtslosen Zeit
Die chinesische Gnosis
    Kommentare zum Tao Teh King von Lao Tse

WERKE ANDERER AUTOREN

N. Abbestee	–	Jugendbibel
Karl von Eckartshausen	–	Die Wolke über dem Heiligtum
	–	Einige Worte aus dem Innersten
	–	Die wichtigsten Mysterien der Religion
Marsilio Ficino	–	Briefe Tei
	–	Gebt umsonst was umsonst empfangen wurde (Briefe Teil 2)
Antonin Gadal	–	Auf dem Weg zum heiligen Gral
	–	Das Erbe der Katharer / Das Druidentum
Mikhail Naimy	–	Das Buch des Mirdad
Hermes Trismegistos	–	Ermahnung der Seele

Fernsehen als Instrument der verborgenen Mächte
Das lebende Rosenkreuz
Das Evangelium des volkommenen Lebens
Mysterientiere
Die Kenntnis die erleuchtet

Rozekruis Pers, Postfach 1307, D 51657 Wiehl, BRD
Rozekruis Pers, Bakenessergracht 5, NL 2011 JS Haarlem, Niederlande
Lectorium Rosicrucianum, Foyer Catharose de Petri, CH 1824 Caux, Schweiz